LES

PRUSSIENS A BARENTIN

GUERRE DE 1870-1871.

LES PRUSSIENS A BARENTIN

COMPTE-RENDU SOMMAIRE

De l'occupation de cette commune par les troupes Prussiennes et Allemandes.

Par L. LESEIGNEUR,

Pharmacien à Barentin.

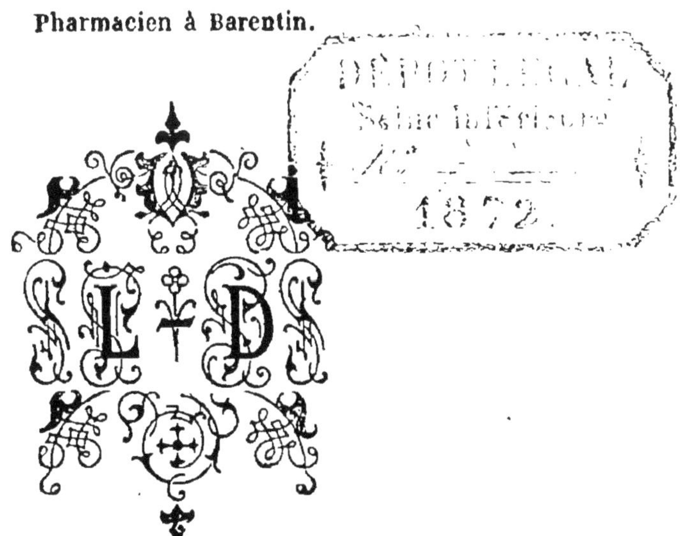

ROUEN,

IMPRIMERIE LÉON DESHAYS ET Ce,

Rue Saint-Nicolas, 28 & 30.

1872.

AVIS.

En présence des événements et des faits inouïs que nous avons été appelés à voir et à subir, il me paraît indispensable qu'un témoin oculaire de si grands malheurs s'impose le devoir d'en laisser, tant bien que mal, un souvenir vivace, pour que, dans l'avenir, chaque famille de Barentin puisse les redire aux siens; pour que la haine méritée de l'ennemi ravive, dans le cœur de nos futurs défenseurs, l'aiguillon de la vengeance de notre patrie, aujourd'hui, hélas! démembrée, et les fasse s'armer courageusement, à l'heure fixée par la Providence, pour le retour de nos frères d'Alsace et de Lorraine à notre mère commune.

Que le lecteur veuille donc bien user d'indulgence, en s'attachant moins au style du narrateur qu'aux faits eux-mêmes?

J'observe que tous les faits consignés sont vrais.

L. LESEIGNEUR.

25 août 1871.

NOTA. — Ce compte-rendu, destiné primitivement aux archives communales, n'a été livré à la publicité qu'en vue de l'utiliser comme moyen secondaire de participation à la libération de notre territoire. L. S.

GUERRE DE 1870-71.

Déclaration de guerre de la France à la Prusse. — Organisation des mobilisés, leur appel à l'activité.

La déclaration de guerre de la France à la Prusse causa, dans la population, une certaine surprise qui fut rehaussée, par un sentiment d'appréhension, à l'appel des réserves et des mobiles ; aussi la fête Saint-Hélier, fête champêtre de la localité, qui se tenait le jour même que fut connu cet appel, par la délivrance des feuilles de route aux soldats, fut-elle déserte. Les habitants n'étaient point préparés à ce coup brutal et les récriminations ne se firent point attendre, personne ne trouvant, dans l'incident espagnol, un motif suffisant pour engager une guerre avec une puissance aussi formidable que la Prusse ; néanmoins, les réserves, les mobiles répondirent à l'appel qui leur fut fait ; point de récalcitrants ; ils sentaient tous la Patrie en danger; ils comprenaient le besoin de leur concours et ils partaient résignés, confiants dans l'étoile de leurs devanciers.

Deux semaines s'étaient à peine écoulées, que déjà la nouvelle de nos premiers désastres arrivait jusqu'à nous (*Vissembourg, Werth, Reichshoffen, Forbac....*). Cette nouvelle était bien faite pour jeter la consternation. Un sentiment patriotique s'exhala de toutes les poitrines ; on aurait voulu pouvoir tous courir sus à l'ennemi. On comprenait l'impérieuse nécessité de défendre, en masse, le sol de la patrie envahie. On savait l'armée prussienne si nombreuse !

Le décret de l'organisation souhaitée de toutes les forces vives de la nation fut bien rendu, les anciens militaires seuls prirent les armes ; mais l'organisation des autres forces ? et la levée ?

Nos désastres n'en allaient pas moins grandissants, terribles, irréparables. (*Sédan, Strasbourg, Metz, investissement de Paris*); ce ne fut encore *que le* 12 *octobre* que les mobilisés célibataires de la commune furent appelés au conseil de révision à Rouen.

A la suite de cette opération, des exercices organisés par les soins du maire et répétés, quatre fois par semaine, sous le commandement des officiers de la garde nationale sédentaire, MM. Dumoulin, capitaine, Adolphe Gillon, lieutenant, et Binard, sous-lieutenant, formèrent les hommes compris dans ce cadre, aux écoles du soldat et des tirailleurs. Tous ces hommes se montrèrent pleins d'ardeur; bien leur en prit, car il leur était réservé de se mettre en campagne avec ce petit bagage de savoir militaire.

Pendant la période de ces exercices, vint se joindre aux efforts du maire le concours d'un grand nombre de dames de la commune, qui, voulant répondre à l'appel du comité central, présidé par Mme Desseaux, se mirent en quête de secours en argent et en nature. Les sommes et les objets recueillis furent remis, par elles, au siége du comité, hôtel de la préfecture de Rouen, et cela, en outre de la souscription première qui était spécialement destinée au soulagement des familles des soldats appelés à l'activité; en plus, la commune s'imposa une dette de 13,670 fr. pour l'habillement, l'équipement et la solde des mobilisés.

Ainsi Barentin apportait, avec son dévoûment, sa pierre de soutien et d'encouragement à l'œuvre de la défense du pays.

Appelés à l'activité le 27 novembre seulement, les mobilisés, sous la conduite de leur chef de bataillon, M. Lucas, partirent de Barentin, avec les compagnies de Fréville et de Saint-Austreberthe, se rendant à Rouen, où ils furent casernés. Quelques jours après leur arrivée, ils furent envoyés, à peine équipés, au-devant de l'ennemi; ils rencontrèrent les Prussiens à Buchy, et c'est là qu'ils reçurent le baptême du feu; deux d'entre eux, MM. Leteurtre et Véziers, y furent faits prisonniers et conduits en Allemagne.

Mobilisés mariés. — Saint-Jean-du-Cardonnay.

De même que les mobilisés célibataires, les mobilisés mariés avaient aussi pris avec ferveur l'école du soldat. Les pompiers s'étaient joints à eux, ainsi que la garde nationale sédentaire, et, aux jours d'exercices, le son des tambours et des clairons, tout cet appareil martial inaccoutumé, donnaient au bourg l'aspect d'une petite place militaire. L'enthousiasme guerrier ne s'affaiblit pas au départ des mobilisés du premier ban; on continua de plus belle les manœuvres, les tirs à la cible. Les mobilisés des autres bans, la garde nationale sédentaire et les pompiers, se réunirent le deuxième dimanche suivant pour une promenade militaire à Saint-Jean-du-Cardonnay où étaient exécutés des travaux pour la défense de la ville de Rouen ; vers deux heures du soir, la petite colonne s'ébranla et partit, clairons sonnants et tambours battants. La compagnie de Villers-Ecalles, sous le commandement de M. Terrien, traversa le bourg, peu d'instants après, et alla se joindre à celle de Barentin.

C'était le 4 décembre, le temps était sombre, brumeux, le vent soufflait une bise froide venant de l'est, et apportait, jusqu'à nous, le bruit de détonations qui d'abord semblèrent venir de très loin, mais qui, s'accentuant de proche en proche et par de courts intervalles, permettaient, sur les trois et quatre heures de l'après-midi, de bien distinguer les coups de canon des crépitements de la fusillade.

La colonne armée de Barentin, surprise en route par ce carillon martial inattendu, continua néanmoins son excursion et rentra le soir atterrée.

L'anxiété s'empara des habitants et l'émoi grandissait à chaque heure. Il y avait assurément une action engagée non loin de nous ; quel en était le résultat? Chacun allait aux renseignements avec avidité. Tout le monde comprenait bien que du sort de cette journée dépendait le nôtre; *que Rouen envahi, c'était chez nous l'ennemi.*

Vers six heures du soir, on apprit la retraite de nos troupes de Buchy vers Rouen. Le danger de l'invasion devenait alors réel, l'occupation de la commune était imminente, prochaine.

On ne tarda point à voir passer de riches équipages, des chariots chargés de mobilier et de personnes fuyant devant l'ennemi; c'était un spectacle aussi navrant qu'alarmant.

Des soldats, des mobiles, des francs-tireurs débandés passèrent durant la nuit, toute la journée du lendemain, 5 décembre, et jusqu'au matin du 6, se rabattant tous sur le Havre. On apprit par eux l'entrée des Prussiens à Rouen. La consternation était générale.

Les Prussiens à Barentin.

Ce même jour, 6 décembre, des personnes allant à Rouen, prises de peur à la rencontre des troupes prussiennes, rebroussèrent chemin et annoncèrent la marche de l'ennemi sur le Havre. Le sort de Barentin était donc réglé; on guette et bientôt l'alarme est donnée : Les Prussiens... les Prussiens... En effet, une colonne de cavalerie descendait la côte de Rouen.

Peindre l'effroi dont les habitants furent saisis ne m'est point possible. Les journaux nous avaient tant de fois présenté l'ennemi comme si peu civilisé; comme des barbares si arriérés, que chacun tremblait pour sa personne, pour les siens, voyait sa ruine prochaine. Toute la population était atterrée. Plusieurs familles avaient même jugé prudent d'abandonner leurs maisons.

Il était environ trois heures de l'après-midi, quand arriva la première colonne de cavalerie prussienne, précédée d'éclaireurs, au regard inquisiteur, qui commencèrent par parcourir, au grand galop de leurs chevaux et le pistolet au poing, les rues transversales aboutissant à la grande route de Rouen au Havre. Derrière ces éclaireurs, vinrent les autres cavaliers prussiens, aussi le pistolet en avant, qui chantonnaient, d'un air narquois, une chanson dont nous n'avons point compris le baragouin. C'était, du reste, le moindre de nos soucis; cette colonne, forte environ de 150 hommes, traversa le bourg sans s'arrêter même à la mairie.

Destruction des lignes du télégraphe et du chemin de fer.

Quelques cavaliers, sous le commandement d'un officier, se détachant de cette colonne, allèrent se ruer sur les fils du télégraphe à la gare du chemin de fer, et requirent, pour les aider dans leur œuvre de destruction, deux habitants qui se trouvaient sous leur main, pour couper la voie électrique et la voie ferrée. Une dépêche transmise à la hâte, par M. Emile Duboc, employé de la gare, avait réussi à prévenir Yvetot de l'arrivée des Prussiens à Barentin.

Ce chef-d'œuvre accompli, toute la colonne gravit la côte vers Yvetot, pour aller plus loin poursuivre ses exploits.

La population fut trompée dans son attente. En voyant l'ennemi passer outre, le cœur de tous se desserra.

Prévisions administratives. Désarmement des pompiers et de la garde nationale.

Je vais utiliser les heures de répit, laissées à

la commune, pour relater rétrospectivement les dispositions prises par le maire dans la prévision de l'arrivée de l'ennemi. S'inspirant de la dure situation, qui était la conséquence fatale pour nous du défaut de défense de la ville de Rouen, le maire avait réuni son conseil municipal dès la veille, le lundi, et avait proposé d'opérer, au plus vite, l'enlèvement des armes des pompiers et de la garde nationale. Le conseil, jugeant également qu'aucune résistance utile n'était possible pour la commune, fut aussi d'avis de soustraire ces armes à l'ennemi. Cette décision était prise à huit heures du soir, et, par les soins du maire, un courrier, M. Cuvier fils, partait, deux heures après, pour Yvetot, avec un banneau et deux chevaux, emportant environ 160 fusils, 60 sabres, 2 petits canons en fonte, une caisse et une poche de cartouches à balles qui furent *illico* dirigés sur le Havre, avec la même voiture sur l'ordre et par les soins de M. le sous-préfet d'Yvetot. Il n'était que temps!

J'ajoute qu'aucune instruction administrative n'avait été reçue à la mairie, dans cette prévision, et que ces armes n'ont été sauvées que par l'initiative du maire.

Ce devoir accompli, on avait suffi à la peine

du jour, et on attendit, avec résignation, celle du lendemain.

Retrait des armes particulières.

La manière de faire des Prussiens étant parvenue jusqu'à nous, la veille, le maire s'occupa de faire effectuer, dès le matin du 6 décembre, le dépôt à la mairie des armes particulières. Cette opération était en voie d'accomplissement au passage de la cavalerie partie vers Yvetot et fut continuée jusqu'au soir.

Première Réquisition prussienne.

Le retour de la colonne de cavalerie prussienne ne s'était point encore effectué à dix heures du soir ; on en concluait que la nuit devait nous mettre à l'abri des exigences de l'ennemi ; mais il était à peine minuit que la sonnette du maire s'agitait, pour lui annoncer non-seulement le retour des Prussiens, mais pour l'aviser qu'il avait à se rendre *tout de suite*, auprès de l'officier qui le demandait à l'auberge Saint-Pierre, tenue par M. Prosper Beljambe.

Malgré l'heure indue, le maire dut faire

violence à ses sentiments, concentrant en lui toute l'amertume du procédé et de sa situation, et il obéit à l'injonction ; comment au reste ne pas obéir? — Il se rendit donc auprès de l'officier prussien, qui, en prenant du reste une forme et une attitude polies, lui réquisitionna seulement 80 litres d'avoine; par fatalité, pas d'avoine sous la main; on entendait distinctement des soldats se dire entre eux : pas d'avoine dans une auberge, c'est trop fort; mais enfin M. Beljambe trouva le moyen de fournir à peu près la quantité demandée; l'officier offrit un bon qu'il écrivit sur une feuille de carnet à tranche dorée, le remit au maire, et s'en alla.

Ici commence pour le maire de Barentin la longue série des tracasseries de l'invasion, et celle-là n'a été qu'un avant-goût de celles qu'il devait subir dans la suite.

Premier passage des troupes, infanterie, cavalerie, artillerie, etc...

Le lendemain, 7 décembre, un corps de troupes fort approximativement de 5,000 hommes venait s'abattre sur la contrée. Barentin, par sa position géographique, sa grande artère vicinale, la route de Rouen au Havre se trouve être un passage forcé ; aussi vit-on s'installer dans toutes les maisons, marquées d'avance à la craie, dans les fermes, les châteaux et les maisonnettes des hameaux, environ 3,000 soldats d'infanterie, de cavalerie, d'artillerie, etc... Le surplus passa outre et alla se loger plus loin.

Les Réquisitions du 7 décembre.

Deux heures au moins avant l'arrivée de ces troupes, la mairie avait été envahie par des soldats de l'avant-garde, réquisitionnant qui de l'avoine,... qui de la paille,... qui du foin,... qui des bestiaux,... qui pour *tout de suite*,... qui pour *dans deux heures*...

Un d'entre eux prescrivait, en outre, par ordre du maïor (commandant) :

1° La remise immédiate, entre ses mains et à la mairie, de toutes les armes de la commune, sous menace de brûler la maison dans laquelle on en découvrirait ;

2° Le rétablissement des plaques indicatives des routes et des rues, qui avaient été enlevées sur l'ordre des autorités françaises ;

3° Le dépôt de toutes les cartes géographiques.

Et, tout cela, à heure fixe, sous menace d'amende, et toujours le maire par-ci, le maire par-là.

Tous ces soldats parlaient allemand, employaient une mimique à eux pour se faire comprendre; s'ils savaient, ils ne voulaient point parler français. Il fut, tout d'abord, impossible de se comprendre nettement, de là une situation intolérable. Ces soldats criaient fort, se montraient tous violents; il s'en trouvait qui avaient la colère aux lèvres et tenaient le sabre à la main. Un officier, sachant parler français, finit par se présenter et donna au maire les explications nécessaires pour les réquisitions et les ordres énumérés plus haut. Grâce à l'intervention de cet officier, qui se montra aussi poli que ses soldats l'avaient été peu, l'importance des réquisitions fut notablement réduite.

L'heure de la livraison des réquisitions.

Trois heures sonnèrent, c'était l'heure fixée pour la livraison des réquisitions; les soldats étaient là.

Le cultivateur, habitué à se mouvoir à son gré, et qui n'était point déjà si pressé de prendre à son tas pour le donner aux Prussiens, n'arrivait pas; nouvelle tempête, gestes menaçants, clameurs germaniques, et le fusil et toujours le fusil prêt, aiguillon peu rassurant dans de telles mains. Enfin, un réquisitionné finit par arriver et les fureurs s'apaisèrent, les autres le suivirent de près et la livraison s'acheva peu à peu.

Il faudrait avoir été témoin des scènes faites au maire, à l'occasion de ces réquisitions pour s'en rendre compte.

Ce n'en était point encore fini cependant avec les réquisitions. Des arrivées successives de petits détachements les firent durer jusqu'au soir; les unes à livrer de suite; d'autres pour le lendemain, dès six heures du matin.

La réquisition en première ligne était toujours l'avoine; il n'y a plus d'avoine de battue, leur est-il objecté ? et eux de répondre : « *j'ai l'ordre, il faut, c'est votre chose*, si vous ne donnez à l'heure, la commune sera frappée de contribution. »

Que l'on ajoute à ce tableau des prérogatives du maire, les ordres que l'on connaît sur la remise des armes; les plaques des routes; les cartes géographiques, etc., dans une commune dont le diamètre n'atteint pas moins de 5 kilomètres;

en plus, les réclamations d'un grand nombre d'habitants qui s'étaient imaginés qu'ils devaient au maire le nombre de soldats qui avaient envahi leurs demeures; d'un pauvre qui n'avait rien à donner à ses soldats; d'un autre qui venait d'être battu, même après avoir épuisé son garde manger et sa cave; d'un domestique dont le maître est absent et qui voit en réquisitionner la cave; enlever, d'un seul coup, 240 bouteilles de vin, et de cent autres, avec des raisons différentes, et l'on ne pourrait encore se faire une idée exacte de l'énormité de la misère administrative de ce jour.

Incendie du Câtillon.

Le bouquet de cette journée de misères pour tous était réservé au Câtillon, hameau distant d'un kilomètre environ du bourg.

Une grange pleine de blé, faisant partie de l'apanage du château de M. d'Arrentière, devient la proie des flammes. La proximité du foyer de l'incendie, l'épaisseur de la nuit (il était de sept à huit heures du soir), faisaient ressortir la masse de flammes dont les reflets empourpraient l'horizon de ce côté.

On savait le château occupé par un grand nombre de soldats, et chacun, affolé de peur, restait coi au logis, tant on était convaincu de l'origine du sinistre.

Le maire enlevé comme otage. — Souscription ouverte pour sa rançon.

La journée du lendemain, 8 décembre, a laissé dans la commune des souvenirs non moins amers que ceux de la veille.

Le départ des Prussiens devait avoir lieu dès le matin. Toutes les voitures avaient été réquisitionnées à cet effet. Quelque vague que soit l'inconnu, c'était au grand désir de tous, car il n'était point possible d'éprouver une situation plus pénible.

Dès six heures du matin, l'adjudant du commandant demande le maire, pour une communication pressante; il faisait très-froid, la nuit avait couvert la terre d'une couche épaisse de neige; le maire était au lit, fatigué, souffrant: qu'importe pour le Prussien? le maire est le maire, il faut bien qu'il marche!

Il s'agissait d'une infraction à l'ordre donné pour la remise des armes. C'était sérieux: l'officier menaçait de faire incendier la maison du délinquant.

Un habitant, M. Philippe Lemoine, qui s'était enfui avec sa famille, avait, contrairement aux ordres publiés et affichés par l'administration municipale, et réitérés à l'arrivée des troupes, laissé chez lui deux fusils qu'il avait soigneusement cachés sur le linteau intérieur de la cheminée de sa cuisine. Par le temps qu'il faisait, les 200 Prussiens qui s'étaient installés dans son habitation et ses dépendances, firent un feu tellement vif, que les bois des fusils s'enflammèrent et brûlèrent; les canons tombèrent au milieu du foyer. Grand émoi parmi les soldats, plaintes immédiates et bruyantes de leur part à leur chef, qui, pour représailles, avait ordonné de brûler la maison.

Le maire et le propriétaire intervinrent pour arrêter l'exécution de cet acte barbare; après de longues explications, données sur place, leurs réclamations furent écoutées; mais, en revanche, et contre l'attente du maire, la commune fut frappée d'une contribution ou d'une amende de 1,000 fr. par fusil, soit 2,000 fr., contribution à laquelle en fut ajoutée une seconde sous le prétexte que voici :

Au dire du maïor prussien, une voiture, réquisitionnée par lui à Rouen, devait conduire à Pavilly, en s'arrêtant à Barentin, l'ordonnance du général; l'officier descendu à Barentin pour déposer des ordres, ne trouva plus, à la place où il l'avait laissée, la voiture qui devait le conduire jusqu'à Pavilly; le cocher avait profité des quelques minutes d'absence de l'officier pour se dérober a l'ennemi avec son équipage; c'était à deux heures du matin.

La commune fut taxée pour ce fait d'une contribution de 1,000 fr., sauf à elle à avoir recours sur le propriétaire de la voiture.

Inutile de dire que personne à Barentin n'avait vu cette voiture et qu'il était impossible d'en découvrir le propriétaire. Le maire de réclamer contre une pareille prétention. « Inutile, lui est-il répliqué, c'est l'ordre! 3,000 fr. à dix heures précises. » Il était alors huit heures et demie.

Le conseil municipal, appelé d'urgence à la mairie, ne comptait que quelques membres présents, à neuf heures un quart, lorsque le commandant se présente lui-même à cheval à la porte de la mairie, réclamant les 3,000 fr.. Sur l'observation qui lui est faite par le maire, qu'il n'est point encore dix heures, et que l'on s'occupe de sa demande, il fait avancer un groupe de soldats, dont un saisit le maire par le bras, les autres mettent bien vite cartouche au canon, et poussent le maire vers une charrette placée là à dessein, l'installent dans ce véhicule découvert; le commandant crie au maire : « On vous rendra quand nous aurons la somme » ; et la voiture disparaît au milieu des soldats.

Le bruit de cette contribution de guerre, imposée à la commune, et des motifs qui en étaient le prétexte, s'était vite répandu dans le bourg. Un grand nombre d'habitants s'étaient groupés aux abords de la mairie, avides d'en connaître le résultat; mais quand chacun eut été témoin de la violence avec laquelle le maire avait été enlevé, en simple tenue de maison, sans avoir pu faire prévenir les siens, ni se garantir contre le froid, l'indignation gagna tout le monde. On avait enlevé non seulement un administrateur qui n'était coupable d'aucun fait personnel, mais un père de famille; c'était là un acte d'hostilité contre un citoyen non armé.

Cet exploit prussien plongeait une famille dans une profonde anxiété; on ignorait quel parti allait être fait au maire; c'était le premier enlevé; dans la contrée, on craignait un exemple d'intimidation pour les autres maires.

Cet enlèvement produisit une sorte de prostration morale à laquelle succéda vite une réaction toute opposée. On se réunit, on se cotisa et, avant midi, la somme totale de la rançon était faite. M. Guillou, adjoint, et M. Edouard Daoust, conseiller municipal, s'étaient particulièrement occupés de cette opération, mais des considérations d'intérêt exclusivement communal, en vue des exigences possibles dans l'avenir de la part des Prussiens, amenèrent la majorité des membres du conseil municipal à conclure quand même, à l'impossibilité absolue, pour la commune, de payer la contribution imposée ou la rançon du maire. Le conseil s'offrit tout entier en otage, en se bornant à envoyer, *à pied*, un exprès à Yvetot porter cette décision.

Le courrier revint à Barentin avec une réponse dans ce sens : « Pas de maire sans argent. » C'était bien à prévoir.

Je crois devoir m'arrêter ici sur la situation faite au maire pendant ce temps. Bien qu'il n'entre point dans ma pensée de me rendre personnellement intéressant, il me paraît cependant indispensable, pour le but que je me propose, de ne point omettre la narration de ma campagne administrative!...

J'ai été enlevé de la manière et dans les conditions que l'on connaît : j'étais encore à jeun ; j'avais marché dans la neige depuis six heures du matin, et à cette heure matinale il faisait très froid. Au passage, M. Leborgne, capitaine des pompiers, me jeta un paletot, qui, endossé sur le mien, me rendit service.

En-deça de Bouville, entre ce village et la ferme exploitée par M. Louis Bigot, de Barentin, la colonne de troupes fit une pose pour opérer sa jonction avec celle venant par la route de Pavilly. Là les troupes d'infanterie se sont déployées à droite et à gauche, dans les terres bordant la route du Havre. Le conducteur de la charrette découverte, où j'étais assis, entre des soldats, et ayant pour siége des quartiers de viande nouvellement abattue, M. Louis Noël se prit de frayeur ; en voyant ce déploiement de troupes, il crut à des préparatifs de l'exécution de son maire. Je ne fus point effrayé à ce point, bien qu'avec de tels hommes il fut permis de tout craindre ; mais j'examinais, comme on peut le penser, le mouvement avec la plus grande attention, et je compris qu'il n'y avait, en cela, rien de sinistre à mon égard.

Cette pause dura environ une heure, pendant laquelle les voitures des paysans furent chargées de sacs de soldats, et et les hommes des différentes compagnies soulagèrent leurs bidons. Une femme attachée à ce corps d'armée, mais ne portant point de costume spécial, parcourait les rangs, flanquée d'un baril de vivandière, et un verre à la main, donnant à boire, contre argent, aux soldats amateurs de son liquide.

Au signal donné, toute la colonne s'ébranla et enfila la route de Rouen au Havre. J'observai tout; j'étais trop bien placé pour cela. Je l'avoue, je ne pus me défendre d'une certaine admiration de l'ordre, du silence, de la régularité des mouvements de ces troupes; de leur soumission au commandement, de la politesse, du respect de tous les chefs entre eux dans leurs allées et venues.

De temps à autre, des chefs, une carte à la main, demandaient aux paysans, que la curiosité avait amenés sur le bord de la route, le nom de l'endroit où ils arrivaient, et le paysan de se dépêcher de donner le nom!!! pointaient leur carte et recommençaient plus loin; il y avait toujours là des paysans, c'était commode pour les Prussiens; pauvres paysans!

On découvrit Yvetot vers deux heures après midi. Toute la colonne s'arrêta à nouveau, opéra le même mouvement, en partie, qu'à Bouville. Pendant le trajet, je distinguais le travail des éclaireurs. De chaque côté de la colonne, des cavaliers parcouraient les villages et assuraient ainsi la marche des troupes.

A l'endroit de cette seconde pause dont j'ignore le nom, les soldats s'assirent dans la neige et se mirent à manger. Les officiers descendirent de cheval et firent comme les soldats.

A cette heure, le soleil se dévoila un peu et allégea, un instant, l'incommodité de la couche de neige qui, depuis Barentin, avait tapissé mes habits. Après une heure de halte, la trompette sonna la mise en route. Un quart-d'heure après, on était à l'entrée d'Yvetot; là, encore une nouvelle pause, mais qui ne dura que quelques minutes.

La colonne alors se divise en marche; une partie entre directement dans Yvetot; une autre prend la gauche de la ville et une troisième prend la droite; le reste se passe hors de mes observations.

Une nuit de poste prussien à Yvetot.

Arrivé à la hauteur du bureau de la poste aux

lettres, on me fit descendre de ma charrette. Je trouvai là les deux officiers qui avaient logé la nuit chez moi, et qui s'empressèrent de me rassurer sur mon sort. Me sachant sans argent, ils me forcèrent d'accepter une pièce de 10 fr., que je ne pris qu'à charge de remboursement; ils me laissèrent l'espoir que je pourrais m'installer à mon gré, en conservant un soldat pour gardien. Bien qu'à l'Hôtel-de-Ville on se soit empressé, sur ma demande, de me délivrer un billet de logement chez M. Capon, adjoint, l'officier de service m'écroua au poste et sans rappel. Je fus donc introduit dans cet antre martial où grouillaient déjà une quarantaine de Prussiens. On commença par me cloîtrer dans une pièce de l'arrière-poste; il y avait là une chaise sur laquelle on ne me chicana point la liberté de m'asseoir, et ce fut pendant deux heures environ mon unique compagnie. Il est à noter que, depuis six heures du matin, j'avais trotté dans la neige pour l'affaire des fusils; que je l'avais eue sur le dos une grande partie de la route, et que, comme on dit vulgairement, j'étais mort de froid et mouillé.

Ce n'est que la nuit venue que le poêle du poste fut allumé. Je fus alors invité par le sous-chef de planton à m'approcher du feu. Ce dernier parlait bien français et paraissait, ainsi que beaucoup de ses hommes, contrarié de la violence dont j'étais l'objet; il me dit : « Ce commandant là n'en fait jamais d'autres; c'est le seul qui agisse ainsi. » Disait-il vrai?

A six heures et demie environ, je vis entrer au poste mes deux officiers, le capitaine Jhonson et son lieutenant Albert Mayer, qui venaient tout exprès s'inquiéter de ma personne. Cela prouve que si, parmi les officiers prussiens, il y a des rustres, il s'en trouve aussi d'un savoir-vivre élevé. Ce fut par leur autorité qu'il me fut possible d'avoir la visite de M. le maire d'Yvetot, M. Buisson, et d'obtenir à manger par les soins de M. Capon, qui se vit, à cette occasion, refuser l'entrée du poste.

Je fis part à ces officiers, en présence de M. Buisson, de la décision prise par le conseil municipal de Barentin. « On ne vous tirera pas de là sans argent, » dirent-ils carrément, et ils ajoutèrent : « Votre conseil municipal n'aurait pas dû vous laisser arriver à Yvetot sans payer. »

J'étais dans l'ignorance de ce qui se passait au juste à mon sujet à Barentin, et je m'assurai du concours de M. Buisson pour mon élargissement, le lendemain à Bolbec, à tout événement.

Il fallut donc me résigner à passer la nuit au poste et couler encore douze grandes heures dans ce milieu, avec l'assurance d'avoir une botte de paille en guise de matelas, mais alors il y avait du feu; j'en pris mon parti. Inutile de dire que, malgré la fatigue, le sommeil n'essaya point de vaincre mes paupières. Je continuai à observer ce qui se passait autour de moi.

Vers dix heures et demie du soir, le sous-chef, qui était hors le poste depuis quelques instants, entre brusquement, prend une attitude et une forme de langage qui décelait le commandement; les hommes aux repos sautent sur leurs armes et sortent. Un seul soldat reste auprès de moi, le fusil à la main et le sac au dos; il me baragouina dans son langage quelque chose qui me fit comprendre que le poste était en alerte et doublé à cause des francs-tireurs. « Double poste, francs-tireurs, Havre, » me dit-il.

Je voyais bien qu'ils étaient sur le qui-vive, situation qui ne contribuait point à me rassurer. Quelques pensées d'appréhension roulèrent même dans mon esprit devant la perspective du voyage du lendemain à Bolbec.

La place de l'Hôtel-de-Ville, malgré la neige qui tombait assez fort, à cette heure, se hérissa de faisceaux d'armes; les soldats restèrent debout, au pied des faisceaux. Je ne sais si cette alerte fut générale, mais elle dura pour le poste au moins deux heures, après lesquelles les soldats rentrèrent plus nombreux, trop nombreux, car ils avaient peine, bien qu'entassés les uns sur les autres, à trouver place sur la paille. Ils gardaient tous un silence absolu; ils avaient un air aussi froid que la bise qu'ils venaient d'endurer.

A chaque heure, à l'appel du sous-chef, les uns sortaient en armes, d'autres venaient prendre la place libre; pas un mot, pas un geste, une obéissance prompte et absolue.

Je passai la nuit dans l'auscultation de la discipline de l'ennemi; à mon estime, il n'est guère possible d'arriver à un plus haut degré de perfection. Non-seulement j'ai trouvé dans le soldat prussien une vraie machine vivante, mais un respect des soldats entre eux, qui m'a étonné.

C'était dur de n'avoir à contempler l'ennemi que pour reconnaître les qualités de son organisation!

Départ des Prussiens d'Yvetot pour Bolbec.

A cinq heures du matin, la trompette sonna le réveil, et à six heures le départ pour Bolbec.

Je fus alors extrait du poste pour être conduit au commandant, qui me cria de loin : « Monsieur le maire, avez-vous la somme? » Sur ma réponse négative, il ajouta d'un ton coléreux : « Alors, en voiture! »

Au moment où j'allais monter sur le haut de la diligence, conduite par M. Salquin, qui devait me dériger sur Bolbec, j'aperçus, au milieu des soldats, et me cherchant, MM. Damilaville et Godallier, conseillers municipaux; il était alors trop tard pour traiter avec le commandant. Ces messieurs se rendirent auprès du général qui les renvoya au colonel, avec lequel une transaction fut faite pour la moitié de la somme demandée.

Pendant ce temps, le signal du départ avait été donné et la colonne, accrue d'un grand nombre de voitures réquisitionnées, se dégageait lentement des rues; la diligence, sur le haut de laquelle j'étais entassé avec des soldats, suivait la file, s'arrêtait, puis s'avançait de quelques pas et comme cela pendant près d'une heure; enfin, dégagés des rues, nous marchions sans encombre vers Bolbec, je dis sans encombre, mais cependant avec assez de difficulté, par suite des nombreux cailloux d'une certaine grosseur qui avaient été jetés à l'approche de l'ennemi, par le service de la voirie, sur toute l'étendue de la grande route de ce côté, lorsqu'à quelques kilomètres de là, le colonel se pencha, en passant vers la voiture où j'étais, en me disant : « Monsieur le maire, ça viendra bientôt. »

Je compris qu'il s'agissait de mon dégagement. En effet, M. Godallier, qui avait arpenté la route à pied depuis Yvetot, au milieu des fourgons, des cavaliers et des soldats, me rejoignit bientôt après et m'apprit l'arrangement intervenu; mais il fallait encore aller jusqu'à la première halte pour faire le règlement; la colonne s'arrêta au-delà de la jonction de la route de Fécamp à celle du Havre, sur Valliquerville, je crois; on me fit descendre, et les 1,500 fr. furent comptés sur l'arrière d'une charrette. L'officier, auquel M. Godallier payait, avec une partie de monnaie prussienne, n'étant point au courant des rapports de cette monnaie avec la nôtre, fit venir un comptable de la colonne pour arrêter le compte; mais une méprise de ce comptable, et passée pour nous inaperçue, lui fit retenir 1,508 fr. au lieu de 1,500 fr. nets.

M. Godallier demanda, avec raison, un reçu, mais l'officier s'excusant de ne pouvoir l'écrire dans les conditions d'installation où nous nous trouvions, s'engagea à le faire parvenir par le *bref-post*, dont une correspondance était fixée à Barentin; il piqua des deux vers la tête de la colonne, et naturellement nous lui tournâmes le dos, comprimant sur nos lèvres la seule expression de salut possible à son adresse : ..... coquin. Nous avions bien compris; on attend encore le reçu à Barentin.

Je crois devoir donner ici un témoignage de gratitude à MM. Godallier et Damilaville, en les remerciant de leur acte de bonne confraternité dont j'ai été l'objet en cette circonstance.

Le retour du maire à Barentin mit fin à l'appréhension générale et fut accueilli par de vives sympathies.

Le poste prussien, établi pour la correspondance ne tarda point à utiliser la présence du maire, comme pharmacien; dès la veille, des soldats de ce poste s'étaient présentés pour avoir de la pharmacie, mais il leur avait été répondu par Mme Leseigneur : « Vos camarades ont enlevé mon mari, le pharmacien, allez le chercher, il remplira votre ordonnance. » « Ah! maire *apotèke*, malher, dirent-ils? » et ils sortirent tout penauds; aussi guettèrent-ils, comme les habitants, l'arrivée du maire, pour avoir ce dont ils avaient besoin; mais leur *pratique*, comme leur monnaie, en bon de réquisition pouvaient se faire attendre.

Deuxième Incendie.

Le détachement dont il vient d'être parlé était composé de 20 dragons, qui avaient pris leur quartier, pour les chevaux, chez M. Beljambe, aubergiste; quelques hommes avaient pris leur logement dans le bourg, mais les autres s'étaient casés aussi à l'auberge, disposant là de tout à leur gré; allant et venant, le soir, la chandelle à la main, aussi bien dans les écuries que dans le grenier à fourrages, sur lequel ils avaient fait main basse.

Leur sans-gêne devait bientôt porter son fruit. En effet, vers six heures, le soir même du 9 décembre, le grenier de l'écurie prit feu.

Cet incendie, rapproché de celui de la nuit du 7, ne contribuait pas à rassurer les habitants. Personne n'osait appeler au feu. Le maire fait sortir une pompe à incendie, mais elle resta là d'abord faute de bras. Le tambour mandé pour *battre au feu*, répond que « dans un temps comme celui-là il n'ose le faire. » (*Sic.*) Enfin, à force de rescousses, on parvint à conduire la pompe sur le lieu du sinistre où jargonnait déjà fort le chef du poste et qui n'avait rien de plus pressé que d'accuser les habitants de malveillance à l'égard de ses soldats.

La présence du maire et les explications assez vertes de M. Leborgne, le capitaine des pompiers, le firent taire. Les soldats se mirent ensuite à l'œuvre, comme les habitants voisins, et le feu fut vite éteint. Le dégât matériel fut de peu d'importance.

On comprendra aisément que les commencements de l'occupation étaient bien faits pour jeter la peur parmi les habitants, et je ne suis point éloigné de croire que s'il avait dû en être ainsi jusqu'à la fin, il n'en serait guère resté dans la commune.

Les troupes de ce premier passage appartenaient pour l'infanterie au 90° régiment. Quant aux autres troupes de cavalerie, d'artillerie, etc., j'en ignore le classement. C'est aux troupes de ce régiment que l'on doit encore l'enlèvement de tous les fusils des particuliers déposés à la mairie; ce sont elles qui, après les avoir brisés dans le jardin de Mme Lemarié, les ont ensuite jetés par morceaux dans la rivière.

Deuxième passage de troupes.

Dès le lendemain, 10 décembre, un nouveau corps de troupes composé d'artillerie, de cavalerie et d'infanterie traversa le bourg dans la matinée. Ce corps de troupes venait encore du côté de Rouen.

La nuit avait été froide et il était tombé une sorte de verglas, qui avait enduit les routes d'un vernis de glace, et rendu la circulation très difficile, en sorte que les équipages de ce corps de troupes avançaient péniblement ; mais, arrivés à la côte d'Yvetot, il leur fut impossible de la gravir. L'eau répandue la veille sur la route par les pompiers, et la chaîne organisée pour combattre l'incendie Beljambe, l'avait tapissée d'une couche épaisse de glace ; cette partie de la route avait été réellement, mais involontairement, rendue impraticable. Les chefs se mirent à crier haut ; menaçant la commune de contribution ; on leur fit remarquer qu'une pompe à incendie était encore sur le lieu du sinistre ; on ne pouvait être taxé d'intention hostile ; une fois bien convaincus, ils réquisitionnèrent des cendres, beaucoup de cendres et *tout de suite*, pour jeter sur la route ;

il leur fallait, disaient-ils, « arriver ce jour, » à une destination assez éloignée.

Tout le monde se mit à semer des cendres sur la route ; les ménagères grattèrent leur foyer et il leur fallu sacrifier les réserves destinées à leurs lessives ; l'une d'elles, Mme Lenord, qui s'était précisément avisée de cacher ses petites économies dans son pot à cendres, se vit un instant très embarrassée, mais, d'un adroit tour de main, elle pu ratrapper sa cachette, sans cela elle allait avoir la douleur de jeter ses écus sous les pieds des chevaux.

La route étant, par ce moyen, redevenue praticable, le corps des troupes se dégagea de Barentin ; mais, quelques heures après, la commune était occupée par un autre corps de troupes ; tout un matériel d'ambulance. Les voitures marquées toutes de croix rouges furent rangées, en plusieurs files, sur la place ; les chevaux furent installés dans le bâtiment destiné à usage de halle aux grains, et les hommes logés chez l'habitant ; tous ces hommes portaient le brassard blanc à croix rouge. Ces troupes ne laissèrent point de souvenirs aussi pénibles que les précédentes. Les soldats se montrèrent généralement doux et compatissants ; cela provenait peut-être de la nature de leur service, ce n'est point à dire pourtant qu'ils furent d'une sagesse édifiante; ils n'en réquisitionnèrent pas moins beaucoup d'avoine, de fourrage; leurs chevaux de trait dépensant, disaient-ils, bien davantage que les chevaux de cavalerie; c'est à eux que revient *l'honneur* du vol, à la mairie, de la grosse caisse de la fanfare des pompiers, des cymballes et de la batte même de cet instrument, qui n'aurait point dû sortir de chez celui qui en avait ordinairement la garde; c'était là un effet de la panique qui était telle que les tambours des pompiers n'avaient, eux aussi, eu rien de plus pressé que de déposer leurs caisses et jusqu'à leur habillement de pompier à la mairie, et cela *de peur d'être compromis!!!*

On peut, par ces petits faits, se faire une idée de la panique.

Le départ de cette colonne s'effectua le lendemain matin, sans événement nouveau; ce qui contribua à rassurer un peu tout le monde.

La commune ne restait plus occupée que par le poste de dragons, aux exigences duquel il lui fallait subvenir depuis le 7. Les communes de Bouville, Villers-Ecalles et Fresquiennes furent choisies, par le chef, pour contribuer à la nourriture des chevaux; mais cela fut de courte durée; Fresquiennes échappa même à la réquisition, par suite du remplacement des hommes de ce poste le jour même où elle était appelée à fournir sa quote-part.

La première grande occupation Prussienne.

Le 14 décembre, une colonne d'artillerie et d'infanterie descendit, à marche forcée, la côte d'Yvetot, traversa le bourg et gravit la côte de Rouen sans fléchir le pas. Cela portait à penser qu'elle venait de subir un échec. Mais, contre l'attente générale, peu de temps après, une avant-garde de cavalerie arrivait en sens opposé, arrêta son quartier pour 210 chevaux et autant d'hommes. Un officier vint réquisitionner, à la mairie, de l'avoine, du foin ou du trèfle, de la paille, de la viande, du pain; c'était pour le 2e escadron du 10e dragons. Cet officier se montra convenable, poli même. On était à peine débarrassé de lui qu'une colonne d'infanterie fut annoncée, un bataillon entier, ce qui portait à 1,200 ou 1,300 hommes et 250 chevaux environ le contingent de la commune pour ce jour là.

Plusieurs compagnies appartenant à un corps spécial munies de haches et de bèches, et recrutées, selon le dire d'un officier, dans les gardes forestiers d'Allemagne, se présentèrent d'abord, mais passèrent debout.

Bientôt après, la colonne annoncée s'arrètait devant la mairie. Toute la Grande-Rue était complétement encombrée par les files de soldats qui se tinrent, l'arme au pied, jusqu'à ce qu'il ait été possible de leur assigner leurs logements ; ils furent logés, pour la première fois, avec l'agrément du maire, mais au plus vite, sauf à modifier le lendemain au besoin. L'officier chargé de ce service, fut également convenable, les officiers eux-mêmes furent logés d'aprés les indications du maire; c'était un contraste avec les autres passages. Ce changement releva un peu les courages.

L'heure des réquisitions de l'infanterie ne se fit point attendre. Bien que convenables, les officiers n'en furent pas moins exigeants pour cet objet ; il leur fallut des vivres : pain, viande..... et tout de suite.

Ces troupes prirent leur cantonnement à Barentin, et la commune se trouva contrainte de subvenir totalement, au moyen de réquisitions, à leur alimentation.

Barentin point stratégique.

Dès le jour même de l'arrivée de ces troupes, Barentin fut désigné comme point stratégique, et militarisé en conséquence. Grâce à sa position topographique, il devint le centre du quartier général du corps commandé par le général Zglinitzki, qui s'était installé au château de M. de Saint-André, à Roumare, distant de trois kilomètres environ du bourg. Des postes furent échelonnés sur les routes aboutissant à Barentin. La vigilance fut poussée à ce point que le battant de la cloche de l'église fut descendu par des soldats et porté au poste de la gare du chemin de fer. Le sacristain, M. Bideaux, fut contraint de gravir l'escalier du clocher devant les baïonnettes prussiennes, pour concourir à l'exécution de cet ordre.

Dans l'ignorance des intentions de l'armée du Havre, les Prussiens se tenaient sur le qui vive; ils restaient en tenue d'alerte. Chez l'habitant, un soldat se tenait en vigie, et avec de la lumière, pendant le sommeil de ses camarades. Les soldats étaient munis de bougies de diverses couleurs, dont ils devaient probablement faire usage selon les circonstances.

Une venette prussienne.

Dans la soirée du 15 décembre, la trompette sonne l'alarme. Tous les soldats se ruent sur la place. Les estafettes fendent l'air de toute la vitesse de leurs chevaux. « Oh ! nous capout au Havre, » disaient les soldats en quittant leurs hôtes ; la peur les prenait.

Le chef de la colonne d'occupation, le *maïor* Zéelemann, donna l'ordre d'allumer tous les becs de gaz publics ; mais on ne put y arriver, les appareils ne pouvant fonctionner à cause de la gelée. A ce défaut, il contraingnit chaque habitant du bourg à placer une chandelle allumée sur chacune des fenêtres de sa maison, et cela *tout de suite*, sous menace de brûler la maison des récalcitrants ; à tenir, en plus, porte ouverte et à rester chez soi.

Les soldats partis, on n'entendit plus que les allées et venues répétées des estafettes.

Ce genre d'éclairage public inaccoutumé, ce mouvement de soldats arrachés si vite, à leur grand mécontentement, de leur gîte, le claquement des sabots des chevaux sur le pavé, le roulement accéléré des voitures et fourgons d'artillerie, tout cela offrait un aspect peu rassurant.

De notre côté, nous étions sans renseignements positifs à l'égard de l'armée du Havre; malgré le doute dans lequel nous étions, de la possibilité de cette dernière d'avancer vers nous, nous étions dans la plus grande anxiété; nous craignions pour Barentin des représailles analogues à celles d'Etrépagny.

Notre appréhension n'était pas plus fondée que l'alerte prussienne elle-même; les soldats en furent quittes pour une nuit de bivouac, et le lendemain la plus grande partie reprenaient leurs quartiers. Quelques francs-tireurs, paraît-il, avaient suffi pour jeter l'inquiétude dans tout le cantonnement.

Barentin en état de siége.

Par suite de son choix, comme point stratégique, les communications de Barentin, avec les communes environnantes, même avec Rouen, devinrent très difficiles. Personne ne pouvait sortir de la commune, ou la traverser, sans un laisser-passer, écrit et signé du maire lui-même, et apostillé par le commandant prussien; c'était l'ordre, ordre inflèchissable, qui allait jusqu'à engager la responsabilité personnelle du maire dans la délivrance de ces laisser-passer.

Beaucoup de gens, venant de Rouen ou de ce côté, et se dirigeant vers Yvetot, se virent contraints de rebrousser chemin ; il s'en trouva même qui, bien que munis du laisser-passer exigé, se voyaient enlever leur pièce par le premier poste et étaient renvoyés à Barentin par le poste établi plus loin, et qui se trouvaient ainsi jetés sur le pavé, sans pouvoir sortir de la commune, ni trouver asile dans les auberges encombrées de soldats.

A cette époque, un habitant de Grainville-la-Teinturière, près Cany, le sieur L..., picard d'origine, s'était mis en tête de visiter un sien ami à Barentin, poussé probablement par un désir plus grand encore de voir la situation d'un pays occupé et de faire connaissance avec les casques prussiens. Il partit donc muni d'un laisser-passer régulier avec itinéraire tracé pour Barentin. Notre homme chemina de compagnie avec un habitant de Pavilly qui se piqua de galanterie jusqu'à conduire son compagnon dans ses pénates, prenant soin de faire viser à Pavilly *sa feuille de route* ; il put ainsi entrer à

Barentin. Après deux jours écoulés à consoler l'ami, la nécessité du retour aux dieux lares se fit sentir, et comme il n'est point de si bons amis qui ne se quittent, le sieur L.... chercha à se mettre en règle pour son retour; il lui fallut exhiber son laisser-passer; mais le visa de Pavilly constatant une dérogation à l'itinéraire tracé, le mit en suspicion auprès de l'autorité prussienne; cette dernière s'en saisit *illico*, et l'écroua au poste sous l'inculpation *d'espionnage*. C'était assurément un rôle auquel il n'avait jamais songé, il n'en dut pas moins s'accommoder de la vie du poste pendant deux jours, durant lesquels il fut minutieusement interrogé et, des renseignements pris sur son individualité, il était menacé et exposé à être fusillé; des démarches, des instances répétées auprès du commandant prussien finirent par le tirer de là, mais il n'obtint sa mise en liberté que sous la garantie de l'ami, puis il fut conduit par des soldats au-delà des limites de la commune vers Yvetot, et il lui fallut arpenter la route de Grainville, en chaussons, tête nue, dans la neige, sans avoir pu s'arrêter à la maison où il avait reçu l'hospitalité; ce n'était pas tout d'être curieux, en pareille circonstance, il lui fallait être adroit et prudent, aussi notre picard peut se rappeler qu'il l'a échapé belle, et, bien que cette leçon ne lui ait point coûté un fromage, il est à croire que le cas échéant, ce qu'à Dieu ne plaise lui fournir, il se donnerait bien garde de s'y laisser prendre.

Alors à chaque instant, on avait l'occasion de voir dans la traverse du bourg des étrangers, allant et venant, conduits, soit à pied soit en voiture, par des soldats armés sans qu'il leur soit permis de dire uue seule parole; les Prussiens les tenaient au secret absolu pour que les habitants ne soient point mis au courant de ce qui se passait au dehors; si l'une de ces personnes voulait essayer de parler, ce qui arrivait encore, un soldat, d'un coup de grosse de fusil, la contraignait au silence.

Barentin était comme enserré dans un cercle de fer; vers Yvetot, la gare du chemin de fer, les maisons de MM. Baudry, Bigot, servaient d'avant-postes; vers Bouville, c'était la ferme de M. Lecouteux; vers Ecalles, celle de M. Duquesne; vers Duclair, la filature de M. Duchemin; vers Rouen, la maison Fouray-Cornillot; en outre, des guérites furent installées à toutes les issues et flanquées de deux et quelquefois de quatre factionnaires; la garde prussienne s'étendit même jusqu'aux abords du château de Mme Dhomé, à Ecalles. Cette issue fut dégarnie de sentinelles au bout de quelques jours; son abandon permit à beaucoup de monde de se soustraire par là, à travers bois, à la rigueur prussienne et allégea sensiblement la tâche du maire, à la merci, jour et nuit jusque-là, des allants et venants surpris par l'ordre prussien.

La Municipalité au poste prussien.

Pour assurer leur sécurité dans la commune, les Prussiens eurent recours à l'expédient suivant: ils prirent comme garantie le conseil municipal, et astreignirent les membres à rester en permanence, deux par deux, au poste établi au milieu de la côte de Rouen. Les membres de planton étaient là, *sous menace d'être fusillés*, si un seul prussien était tué sur le territoire de la commune.

Cette mesure si violente fut prise par les Prussiens dès le soir même de leur arrivée; mais devant l'exécution tacite du conseil municipal, et sur la demande du maire, cette exigence fut d'abord réduite à la nuit, de six heures du soir au jour naissant du lendemain.

Chaque soir, à l'heure fixée, deux soldats arrivaient en arme à la mairie, et conduisaient au poste nos édiles communaux.

L'administration municipale fut dispensée, par le conseil, de participer au planton du poste, en raison du poids de son service quotidien.

Cet ordre fut levé huit jours après.

Ainsi, notre municipalité, moins quelques membres, eut l'occasion de savourer les douceurs d'une nuit de poste prussien ; mais avec cette faveur à noter que chaque membre avait la liberté de s'y installer à son gré, une pièce spéciale étant réservée à cet effet.

La municipalité était alors ainsi composée :

MM.
L. Leseigneur, maire.
J. Guillou, adjoint.
L. Decours, idem.
Pichard.
Crevel.
Badin.
Boniface.
Berthe.
Baudoin.
Darrentière.

MM.
Baudry.
Désannaux (Patrice).
Damilaville.
Beljambe.
Daoust (Edouard).
Lesueur.
Godallier.
Septavaux (Frédéric),
Lemarchand.

La réquisition préfectorale. — Les chariots.

En outre de toutes les exigences locales des troupes prussiennes, la commune avait à répondre à l'ordre du préfet à Rouen, pour voitures, chevaux et conducteurs. Ce contingent devait être rempli par MM. Besselièvre (Emile), Mottet, Berthe, Binard et Durand. Ces équipages étaient réquisitionnés pour le 16 décembre, et devaient se trouver, dans les conditions susdites, à neuf heures du matin, sur la place du Champ-de-Mars, à Ronen. Le contingent n'ayant point été complètement fourni, la commune se trouva dans l'obligation d'obtempérer à une deuxième réquisition de deux voitures, trois chevaux et deux conducteurs, le 20 décembre. Ce nouveau contingent fut rempli par MM. Pétrinos et Cornu.

Des voitures, parties le 16 décembre pour Rouen, une seule fut employée à quelques transports dans la ville, celle de M. Durand, qui eut la chance de pouvoir la ramener, le même jour, à Barentin.

Les autres attelages furent annexés au fameux

convoi dirigé sur Paris. Je rapporterai plus loin les péripéties de leur excursion.

Les réquisitions locales.

Les jours qui suivirent l'alerte, dont il a été parlé plus haut, se passèrent non-seulement au milieu des tracasseries résultant du fait des soldats, mais au milieu de difficultés de toutes sortes. Ce n'était point encore assez que les embarras suscités pour l'alimentation des troupes, il fallait encore pourvoir aux besoins pressants des familles ouvrières sans travail. De plus, c'était à tout moment des réquisitions de voitures pour porter ces soldats d'un poste à un autre : à Saint-Jean-du-Cardonnay, à Varengeville, à Pavilly, à Roumare, au général ; enfin, pour tous les services centralisés à Barentin. C'était à recommencer chaque jour. Les soldats ne se gênaient pas pour se faire voiturer, même pour les services de la commune. Un bas officier vomit un jour une montagne de jurons, à l'instar germanique, parce qu'il ne lui était point possible d'obtenir, de la mairie, une voiture pour le conduire jusqu'au château de M. Pichard ; on lui soutint quand même que toutes les voitures du bourg étaient en course; ce bouillant Achille, à la bouche écumant de rage, omettait, dans son rôle du guerrier d'Homère, de se montrer les pieds légers!... mais il ne lui en fallut pas moins mettre ses jambes à contribution.

Les fermes de hameaux.

Les réquisitions faites chaque jour dans la commune, tant pour l'alimentation des troupes que pour la nourriture des chevaux, ne manquaient pas d'importance; malgré cela, les soldats cantonnés à Roumare et à Varengeville vinrent se jeter sur les hameaux de Campaux; du Mesnil-Roux et du Catillon, et enlevèrent, d'un seul coup de main, la presque totalité de ce qui restait de graines et de fourrages dans les fermes. Les petits ménages, ainsi que les fermiers, furent mis à sec de pain; des fournées entières y passèrent avec le beurre, la volaille, les pommes de terre, etc... tout leur était bon. Chacun se trouvait dans la dure extrémité d'assister, sans mot dire, au pillage de sa maison. Une attitude rechignante du requisitionné suffisait pour amener des voies de fait à son égard; c'est ainsi que M. Frédéric Septavaux, cultivateur, conseiller municipal, fut injurié, bousculé et tenu le pistolet sous la gorge. Pour une simple observation, son existence courut un véritable danger.

M. Septavaux se rendit personnellement auprès du général et se plaignit à lui de l'acte de violence dont il avait été l'objet; mais, vu l'impossibililé où il fut de reconnaître, parmi les soldats qui lui furent présentés, celui qui l'avait maltraité, la plainte ne fut suivie d'aucun effet.

M. Septavaux succomba peu de temps après, et sa mort a été attribuée à sa mésaventure prussienne. La municipalité perdit, dans cette victime, un de ses membres.

Les soldats de cette équipée s'étaient montrés d'une sauvagerie sans nom. On les avait vu stimuler, avec les baïonnettes de leurs fusils, les animaux qu'ils emmenaient avec eux ; mais un de ces animaux, se trouvant trop mal mené, et flairant probablement le sort qui l'attendait, les bouscula et prit la clé des champs ; ils essayèrent bien de l'abattre à coups de fusil, ce fut en vain; ils en furent pour leurs balles. Néanmoins l'animal avait été atteint, et ce n'est que le lendemain qu'il rentra à son étable encore ruisselant de sang. M. Herment, cultivateur, propriétaire de l'animal, a pu le rétablir.

Le hameau de Campaux eut aussi à subir d'importantes réquisitions. M. Berthe, cultivateur, vit effectuer une razzia, de ses produits ; mais il reçut un bon prussien de 2,000 fr....

La ferme Cornu fut, sous un autre rapport, la plus maltraitée de ce hameau; on le verra plus loin.

Au Mesnil-Roux, la ferme de M. Durand fut envahie par un détachement de cavalerie, et tous les animaux furent jetés, à la belle étoile, dans la cour, couverte alors d'une couche épaisse de neige, et par un froid des plus rigoureux. Ces animaux durent, pour ne point mourir de faim, vivre uniquement, pendant plusieurs semaines, de tiges sèches de colza (*raptie*). Ce fermier vit presque tout disparaître de chez lui, défoncer ses armoires, ses commodes, etc.

Les autres cultivateurs n'étaient pas moins malheureux, notamment ceux à proximité du bourg; leur bétail avait le même sort que celui de la ferme Durand.

Les réquisitions extérieures.

L'échelle sur laquelle se pratiquaient les réquisitions dans la commune, pour peu que cela dût encore durer, aurait amené bien vite, non-seulement la ruine complète de tous nos agriculteurs, mais, de plus, la disette. Le séjour prolongé d'un aussi grand nombre de soldats, avait mis déjà les marchands restés ouverts au dépourvu, on manquait même de sel; les bouchers ne tuaient plus, ou guère, dans la crainte de voir leur viande réquisitionnée.

Il n'en fallait pas tant pour provoquer des réclamations; aussi, le maire s'empressa-t-il de réclamer, auprès du commandant prussien, contre de pareilles déprédations, contre un semblable pillage, car ce n'était rien moins que cela.

Le *maïor* Zéeleman promit au maire des ordres immédiats, pour empêcher ces faits de se reproduire; mais, ce qui n'était pas moins important, il promit, en outre, en raison de ce qui venait de se passer, et de l'exposé qui lui était fait de la situation de la commune, que, désormais, les troupes cantonnées à Barentin se suffiraient à elles-mêmes, par des réquisitions au-dehors. Jusque là le maire n'avait reçu de la colonne de ravitaillement qu'un très-petit nombre de sacs de farine, et encore à charge par lui d'en faire opérer la cuisson aux frais de la commune.

Quelques jours après, le pain fut totalement

fourni aux soldats par leur intendance; à défaut de pain, on remettait à la mairie de la farine prussienne pour en faire faire.

La Noël prussienne.

Nous étions alors au 25 décembre; c'était le jour de la Noël, jour qui devait pour nous s'écouler, comme les précédents, dans la tristesse. Il n'y avait point la solennité accoutumée à l'église, qui avait même été fermée dès la veille au soir; mais ce sentiment de tristesse s'accrut encore à l'aspect des préparatifs de gala, faits à l'occasion de cette fête, par les Prussiens; car notre malheureuse situation ne comportait point l'idée d'un festival quelconque.

A en juger *de visu*, le jour de Noël est, pour tous les Prussiens, l'occasion d'une ripaille qui semble avoir beaucoup d'analogie avec le *Christ-Mas* des Anglais. Ils se gorgent l'estomac et boivent à plein gosier, autour d'une pyramide qu'ils appellent l'arbre de Noël; ils forment cet arbre d'une branche de sapin, fixée à un piédestal quelconque, et en font l'objet d'une sorte de culte; ils l'ornent de girandoles, de fleurs factices, de liserets de diverses couleurs: puis le soir, à l'heure convenue, chacun d'eux est là, prend sa place en silence, et presque avec respect, autour de l'arbre. De temps à autre, ils poussent ensemble un hourrah formidable, qui indique qu'il s'agit bien, pour eux, d'une dévotion à une tradition bachique de leur pays. Soldats et officiers se passent la galanterie en s'offrant et en acceptant réciproquement.

A cette occasion, la table du conseil municipal servit, non-seulement à l'étalage de tous les morceaux qui composaient le gros de cette ripaille, mais de plat à découper; aussi, dût-elle subir un *rude* dégraissage pour être rendue à son service ordinaire. A côté se trouvaient un grand nombre de bouteilles de vin et une barrique d'eau-de-vie, ce qui permettait aux convives de se désaltérer à souhait; mais cette bacchanale, malgré tout le soin apporté à sa disposition, semblait pour tous dominée par un sentiment de mélancolie et même d'anxiété.

Ce ne fut que deux ou trois jours après, et par suite des évolutions de troupes, que l'arbre de Noël fut arrosé par presque tout le corps d'officiers, chez Mme Lemarié. Beaucoup d'entre eux, au dire des servants, manquèrent d'entrain, de gaîté; certains même parurent en proie à la plus grande inquiétude, et ne la dissimulèrent guère; ce qui n'empêcha point quelques-uns des convives de sortir de là, comme des Polonais qu'ils étaient, c'est-à-dire *pleins jusqu'à la garde.*

Qui vive prussien.

Depuis quelques jours, il y avait des détachements de soldats partis en reconnaissance vers le Havre. Les troupes, en général, avaient un air sombre et paraissaient pressentir des événements auxquels elles redoutaient de prendre part; leur attitude portait à laisser penser qu'il s'était passé des escarmouches qui ne leur avaient point été favorables; les officiers semblaient eux-mêmes préoccupés. « Oh! nous capout au Havre; malher, France, malher, Prousse, » répétaient souvent les soldats. Certains d'entre eux, même, pleuraient chez leurs hôtes.

Pendant plusieurs jours, les troupes allèrent et vinrent évidemment sous l'empire de la crainte. Les postes furent doublés; les avant-postes serrés. La vigilance redoubla. Au château de M. Baudry, au Matré, un officier placé en vigie ouvrait les fenêtres de la chambre qu'il occupait, semblait sonder l'espace de toute la force de ses yeux et de ses oreilles, et *renfonçait son casque*, pour recommencer quelques instants après.

Alerte prussienne.

Le 31 décembre, les estafettes arrivent plus pressées, plus fréquentes. Vers huit heures du soir, la trompette sonne l'alarme. Les soldats, qui étaient restés consignés, et en tenue de départ toute la journée, partirent en toute hâte du côté d'Yvetot ; ils avaient encore, en partant, manifesté leur appréhension pour le Havre ; un officier était allé même jusqu'à solliciter d'un habitant la faveur d'être enterré à Barentin, s'il était tué, dans le jardin de son hôte, ce qui, je dois le dire, ne lui fut point promis du tout.

Le jour de l'An (1871).

Ces allées et venues de troupes nous confirmaient les appréhensions de l'ennemi.

Par suite de l'alerte susdite, il n'y avait plus dans Barentin qu'une seule compagnie de soldats, mais le 1er janvier n'en fut pas moins accidenté et remarquable par les évolutions militaires.

De bonne heure, dans la matinée, on vit descendre la côte d'Yvetot et traverser le bourg, à grande vitesse, une longue file de voitures de matériel d'artillerie et autres; des troupes d'infanterie les suivaient de près. Ces voitures montèrent la nouvelle route de Rouen; puis, changeant de direction au-dessus de la côte, descendirent à Barentin par l'ancienne route, et remontèrent enfin la nouvelle route de Rouen. Cette évolution, qui appelait naturellement pour nous divers commentaires, se fit, à ce point, avec une lenteur désespérante.

Tout ce matériel et les troupes qui l'accompagnaient furent installés sur le plateau de la côte de Rouen. Tout resta là au bivouac.

Une heure environ avant midi, le commandant Zéelemann fait demander au maire un guide sûr, pour le conduire à Buchy. Des voitures sont réquisitionnées à la hâte; plusieurs de ces voitures sont chargées, à l'auberge du *Cheval-Blanc*, de toute la réserve d'avoine destinée à la cavalerie. C'était dans les vastes écuries de cette auberge que s'était installée la plus grande partie du 2me escadron du 10me dragons. Les bestiaux, accaparés pour le service d'alimentation, et logés dans les dépendances de l'auberge de M. Beljambe, sont brusquement arrachés de leurs étables et poussés en avant, avec violence, par les soldats chargés de ce service. Tous les autres soldats étaient prêts à partir. Le guide se tenait à la disposition du chef prussien. On n'attendait plus que le signal du départ.

A en juger par les apparences, on était porté à croire à une retraite de l'ennemi ; on se berçait déjà de cet espoir.

Mais après quelques heures d'une vaine attente, on apprit que le signal du départ ne s'étendait point aux troupes dont le cantonnement était fixé à Barentin ; cependant, déjà des soldats, des voitures de réquisition, et tous les bestiaux étaient dirigés sur Buchy ; il y avait eu assurément contre-ordre. Quelle en était la cause?.....

Cette évolution de troupes amena l'occupation des hameaux de Campaux et de Carbonnière. Le chef de la colonne d'occupation de ces hameaux, qui s'était logé au château de Mme Revel, et qui, sans doute s'y pavanait à son aise, ne trouva rien de plus commode que de requérir le maire de Campaux d'avoir à se présenter devant lui, au château, pour y recevoir ses ordres de réquisition. Inutile de dire que les soldats ne trouvèrent point de maire à Campaux. Sur ce, l'officier prussien donna ordre d'aller quérir le maire de Barentin. La voiture de M. Lubin-Laplanche fut réquisitionnée à cet effet. La charrette, par suite de la couche épaisse de neige, ne pouvait aller qu'au pas; les Prussiens se tenaient là-dedans droits comme des I; les quatre soldats avaient avec eux un petit chef encapuchonné.

Pour se faire ainsi voiturer, par un pareil temps, et pour franchir une distance d'environ 1 kilomètre et demi, il faut être Allemand.

L'officier, avec un air de naïveté primitive, annonce au maire de Barentin, qu'il vient le chercher pour aller à Campaux recevoir les ordres de son capitaine.

« Aller à Campaux recevoir les ordres de votre capitaine! mais il était bien plus simple à votre chef de me les transmettre par vous, lui répond le maire? jusqu'à présent, aucun de vos officiers n'a poussé l'exigence, sinon l'insolence, à ce point; que votre chef se présente ou fasse faire sa demande au bureau de la mairie. » Le maire refusa net d'aller au chef. A défaut du maire, ce fut M. Guillou, adjoint, que les soldats recrutèrent; malgré ses soixante-quinze ans, M. Guillou préféra arpenter la route à pied que d'utiliser la charrette. La corvée ne lui fut pas légère, car il en tomba malade quelques jours après, par suite du froid qu'il avait enduré.

Les hameaux de Campaux et de Carbonnière, bien que cette colonne de troupes n'y soit restée qu'une seule nuit, eurent ainsi l'occasion de sentir le poids de l'occupation ennemie. Les soldats firent main basse sur les basses-cours et les provisions de ménage, laissèrent la plupart des ouvriers sans pain.

Cette colonne prit, le lendemain, la route de Buchy, avec le matériel et les soldats bivouaqués la veille sur le plateau de la côte de Rouen. Ce même jour, 2 janvier, les voitures de réquisition, parties pour Buchy, rentrèrent à vide ; hommes et chevaux étaient exténués de fatigue ; ils n'avaient point mangé depuis leur départ de Barentin ; on leur avait fait faire, en outre, un trajet fort long, par suite des détours et des fausses directions qu'on leur avait fait prendre. On en avait dirigé sur Buchy par Bonsecours. A n'en pas douter, il y avait eu panique dans les cantonnements prussiens.

Les fortifications de Barentin vers Yvetot et vers Rouen.

VERS YVETOT.

L'infanterie et la cavalerie, parties à l'alerte du 31 décembre, ne rentrèrent à Barentin que le 6 janvier. Que s'était-il passé pendant cette excursion ?

Le 2 janvier, le docteur Gansler, chirurgien des dragons, était rentré à son quartier, le manteau tout maculé de sang. Du côté de Rouen, on avait entendu, à diverses reprises, la voix sinistre du canon se marier aux détonations de la fusillade.

Les Prussiens commencèrent alors, dans la prévision d'une attaque de l'armée du Havre, à se garantir d'une surprise de ce côté. Ils ouvrirent des retranchements et élevèrent des barricades dans les environs des châteaux de MM. Besselièvre et de M. Pichard. La route de Barentin à Fréville fut coupée et aussi barricadée, à la hauteur des fermes de MM. Rosay et Lecouteux ; cette route fut encore coupée plus bas, à sa jonction avec celle d'Ecalles ; obstruée, en outre, avec des charrettes renversées; avec des tonneaux arrachés aux caves ou celliers des maisons voisines ; le contenu de ces tonneaux fut répandu, au préalable, sur le sol même des caves ou celliers; une redoute fut aussi construite sur ce point et une autre à la ferme de M. Duquesne; pour comble de cynisme, les Prussiens réquisitionnèrent les ouvriers de la localité pour prendre part à ce travail, sous menace, à leur défaut, de frapper la commune d'une forte contribution. Les ouvriers n'obtempérèrent à la réquisition qu'avec la plus grande répugnance, mais des soldats allaient prendre chez eux les récalcitrants. Quarante hommes étaient contraints de se présenter à la fois, avec les outils exigés ; après six heures de travail, on les remplaçait par d'autres. Ce travail achevé, les Prussiens gardèrent tous les outils, sous promesse de les rendre, mais les outils sont encore à venir.

VERS ROUEN.

Quelques jours après ces premières dispositions prises, un nouvel ordre vint d'effectuer de nouveaux travaux pour protéger, au besoin, une retraite du côté de Rouen. Les réquisitions d'ouvriers recommencèrent de plus belle, mais il fallait un plus grand nombre de bras, et les Prussiens appelèrent, concurremment avec Barentin, les communes de Villers-Ecalles et de Pissy-Pôville à fournir un contingent respectif et déterminé.

Ces sortes de réquisitions furent faites, chaque fois, à une heure très avancée de la soirée, de sorte que les maires et leurs auxiliaires se trouvaient obligés de marcher la nuit, et par le temps que l'on sait, de maison en maison, pour arriver à fournir chacun leur contingent d'ouvriers. « Mais les ouvriers de Barentin n'ont plus d'outils, » avait objecté le maire à l'officier réquisitionneur ; « rendez-leur au moins leurs outils ? » — « Des outils ! est-ce qu'il n'y en a pas chez les marchands ! Achetez-en. C'est votre chose, la commune paiera. » Telle fut la réponse de l'officier prussien.

Au premier plan, fut ouverte une ligne de tranchées partant du chemin dit la Cavée-Piot, traversant les terres appartenant à la famille Morel et à divers, coupant la route de Rouen au Havre, qui fut rendue infranchissable par l'entassement, à cet endroit, de tous les ustensils oratoires de la ferme de M. Dubuc, et se continuant jusqu'au Val-d'Epinay.

La route neuve ou rectifiée fut également obstruée au moyen des arbres abattus sur les côtés. Dans le bois que traverse cette route, une grande quantité d'arbres furent coupés à environ 1 mètre de hauteur. Les dégâts causés par l'abatage de ces arbres d'une belle venue et en pleine prospérité, et par la formation de toute cette première ligne de défense étaient d'une certaine importance.

Une parallèle à la première ligne de défense fut établie à une centaine de mètres en arrière et appuyée sur les fossés de la masure de la ferme Dubuc. Les terrassements furent d'une exécution difficile; la terre était profondément gelée, bien que couverte d'une couche épaisse de neige; de plus, les ouvriers n'avaient point seulement à lutter contre cet obstacle et le froid, mais encore contre l'ardeur des directeurs prussiens; il leur fallait piocher et piocher vite. Un ouvrier de Villers reçut là un coup de bêche qui lui fit une large blessure à la tête; il fut pansé à la pharmacie de Barentin et s'en retourna chez lui sans avoir même éveillé l'attention des Prussiens.

A plusieurs centaines de mètres au-delà de cette parallèle, une troisième ligne de tranchées fut ouverte, et disposée en forme d'éventail; un côté s'appuyant entre le Mesnil-Roux et Pissy, et le côté opposé sur Campaux. Au centre, fut construit une redoute, ornée de huit créneaux, dans laquelle par conséquent pouvaient être mises en brèche huit pièces de canon. Des ouvertures furent ménagées dans une grande partie des haies vives qui entourent les masures du hameau de Campaux ; des arbres furent abattus en travers des chemins. Une barricade formidable fut élevée à l'entrée de la ferme Cornu, et la maison de ce fermier totalement crénelée ; les crénaux restèrent ouverts pendant les jours les plus rigoureux de l'hiver. Le mobilier, les ustensils de la ferme furent employés à l'établissement de cette fortification. Le fermier, en outre de son malheur présent, avait été l'un des cultivateurs appelés à fournir le contingent de la trop fameuse réquisition des chariots, expédiés de Rouen sous Paris; son équipage, échappé aux Prussiens, après avoir couru les plus grands dangers, arriva juste à temps pour trouver, non-seulement sa place à la ruine de la maison, mais ce qui était encore plus navrant, apporter un appoint aux moyen de résistance préparés contre nos soldats. Le conducteur de l'équipage Cornu, le sieur Alexandre Duval, vit ainsi s'évanouir l'illusion qu'il avait caressée en arrachant au péril de son existence, par une fuite prompte et hardie, et par des chemins détournés et presque impraticables, son épave à une ruine totale et certaine.

Expédition des chariots.

Je crois devoir consigner, ici et à propos, la part prise à cette expédition des chariots par nos concitoyens et les péripéties de leur voyage rapportées par l'un d'eux, M. Berthe fils ; je transcris les termes mêmes de son récit :

« Nous sommes tous partis de Rouen, dit M. Berthe fils, en grand nombre, nous formions une file de voitures dont nous ne voyons pas la fin ; c'était le 16 décembre. On nous a fait aller, sans arrêter, à Gournay, où nous avons passé la nuit sur le milieu de la place publique, sans que les Prussiens se soient préoccupés le moins du monde ni de nos personnes, ni de nos chevaux.

« Le 17, on nous a conduits à Beauvais ; nous y avons couché dans les dépendances du séminaire, qui avait été réquisitionné pour nous.

« Le 18, il nous a fallu aller jusqu'à Meaux, où des billets de logement nous ont été délivrés par la mairie de la ville.

« De là et dès le lendemain, nous avons été dirigés sur Montmorency, pays au-dessus de Pontoise. Nous avons bivouaqué sur la route, sans vivres ; absolument rien pour les hommes, ni pour les chevaux ; les uns, comme les autres, extenués de fatigue.

« Le 20, on nous a encore fait marcher jusqu'à Gonesse, où nous avons passé la nuit dans le parc d'un château. Là, on nous a délivré une livre de pain noir et une demi-livre de mouton pour quatre hommes; nous reçumes une ration de 2 kilos d'avoine pour chaque cheval.

« Le lendemain, il a dû se livrer, sous les murs de Paris, une affaire chaude, car les boulets français arrivaient jusque dans le parc où nous étions campés. On nous fit alors rétrograder jusque dans la plaine de Gonesse, mais les boulets ne pleuvaient pas moins drus auprès de nos voitures ; les Prussiens nous firent alors passer entre leur artillerie et leur ambulance.

« Le 21, nous avons été conduits au camp de Brou, où nous avons encore passé la nuit, à la belle étoile, sans qu'on nous donnât rien pour assouvir notre faim, ni celle de nos chevaux.

« Le 22, on nous a dirigés sur Lagny ; nous avons été remisés à cet endroit dans la cour d'un château, nous y sommes restés pendant trois jours; hommes et chevaux n'avons reçu juste que ce qu'il fallait pour ne pas mourir de faim ; mes chevaux étaient tellement affamés qu'ils ont rongé une partie de ma voiture; beaucoup de ces animaux sont morts là de fatigue, de froid et de faim.

« Le 25, on nous a extraits de là pour nous mener à Chisy, village au-dessus de Lagny. On nous a casernés dans une ferme enclose de murs, où nous étions gardés par des factionnaires; mais nous nous y sommes trouvés un peu à l'abri de la rigueur de l'hiver.

« Après un séjour de quatre jours, dans cette caserne improvisée, pendant lesquels nous avons reçu une nourriture presque suffisante, on nous a remis à chacun 6 thalers, un bon soi-disant représentant la valeur de nos voitures et attelages, avec un laisser-passer, et nous avons été ainsi congédiés le 29 décembre.

« Nous dûmes partir dans ces conditions à pied, par le temps froid que vous savez. Malgré la couche épaisse de neige qui couvrait la terre et la grande distance à parcourir ainsi, nous arrivâmes à Barentin le 2 janvier. »

Comme appoint à ce récit, j'ajouterai que le

conducteur de l'attelage de M. Besselièvre, désespérant de survivre à une aussi malheureuse situation, pour peu qu'elle dut se prolonger encore, se prit d'audace; en désespoir de cause, il se déroba aux barbares pendant la nuit, en abandonnant chevaux et voiture et réussit à gagner Barentin deux jours avant ses collègues. J'ajoute encore un détail, qui bien que retenu par la plume de M. Berthe fils, n'en est pas moins une autre preuve confirmative du récit qui précède; c'est que ce jeune homme, âgé seulement de dix-huit ans, n'a échappé, aux conséquences des désordres économiques, produits en lui par les souffrances et les émotions qu'il a eu à partager, que grâce à sa robuste constitution et aux soins empressés qu'il a reçus dans sa famille à son arrivée.

La 10e compagnie et son lieutenant Bart.

Au retour à Barentin des soldats partis le 31 décembre, succéda le départ d'un autre détachement. Ce fut le tour de la 10e compagnie, commandée par un lieutenant premier, nommé Bart.

Cette petite colonne, au dire des soldats et officiers, s'avança jusqu'à Bolbec, où elle prit part aux exploits prussiens dont le souvenir restera vivace dans cette contrée; elle était au nombre des troupes qui ont canonné le viaduc de Mirville et commis les actes de haute civilisation dont l'incendie du château de Tous-Vents est un échantillon. C'est encore à ces soldats auxquels revient *l'honneur* d'avoir fait sauter, antérieurement à ce fait, le pont du chemin de fer entre Yvetot et Motteville.

Rentrés à Barentin le 14 janvier, les petits officiers de cette compagnie se targuaient de leurs exploits; belles actions, du reste, bien dignes de leur chef; mais ils avaient dû cependant ne point avoir eu toujours leurs coudées franches, car plusieurs de leurs soldats étaient restés sur le carreau et d'autres étaient revenus blessés, les habits déchirés et sans armes. Je citerai ici quelques faits qui montreront que le chef Bart était, à Tous-Vents et à Mirville, tout à fait dans son rôle naturel.

Cet homme d'une taille assez grande, d'une couleur fauve virant au rouge, et dont le regard décelait une nature ingrate, était d'un abord difficile, se montrait, en toute circonstance, violent envers tous; il ne ménageait pas davantage ses soldats qui, en revanche, montraient pour lui la plus grande aversion; il était de la dernière exigense pour les réquisitions; il paraissait se complaire à forger des tracasseries à l'administration pour cet objet. Quand il voulait des voitures, et cela le prenait souvent, c'était dans la nuit, à onze heures ou minuit, qu'il faisait lever le maire pour le requérir d'avoir à les lui livrer, à cinq ou six heures du matin, sans autre délai. Le maire était alors obligé d'aller au secrétaire de la mairie, le secrétaire de prévenir les cantonniers et ces derniers de courir la nuit à leur tour; cela révoltait l'âme, mais le spectre contribution, toujours mis en avant, obligeait bien à marcher quand même. Que de vexations de cette force il a fallu étouffer dans son for intérieur!...

Il prit, un jour, fantaisie à l'officier Bart de s'approprier le local de l'école communale des filles. Les soldats arrivent, sans avoir prévenu, pour y faire leur conférence de théorie militaire; naturellement les enfants déguerpirent, au plus vite, et laissèrent la classe libre. Sur la réclamation du maire et de la supérieure des religieuses de l'école, auprès du commandant, l'officier reçut l'ordre de ne continuer l'usage de ce local qu'après l'heure des classes; c'était encore beaucoup accorder, beaucoup plus que ne désiraient les réclamants; mais l'officier Bart n'en tint compte qu'un jour, il recommença après, et de plus belle, à se servir de la classe à l'heure de son choix.

L'école des filles était devenue le refuge d'un certain nombre de jeunes filles de la localité, que les familles avaient placées sous la protection des dames religieuses, que l'on croyait, en raison de leur caractère, à l'abri de toute exigence possible de l'ennemi. Etait-ce ce qui avait éveillé la convoitise et motivé la prise en possession de l'école? Bien qu'aucun fait autre ne se soit produit à l'appui de cette hypothèse, il n'en a pas moins été notoire que de jeunes officiers rôdaient souvent aux environs de l'école. Ils ne manquaient pas de grandes prétentions à la galanterie, ces jeunes officiers; souvent ils poussaient l'outrecuidance jusqu'à dire, d'eux-mêmes, en présence de dames : « *Ils sont si bien les officiers prussiens,* » et ils ne faisaient pas fi d'ajouter : qu'ils étaient venus, non-seulement pour civiliser la France, mais *pour en accroitre la population!*..... Néanmoins, ces *prétentieux puants* bornèrent là leur jactance. Une justice même à leur rendre, c'est que, soldats et officiers ont toujours conservé la plus grande déférence, sinon le respect envers toutes les femmes; chez l'habitant, aucun d'eux n'a manqué de respect à la maîtresse de la maison.

J'en reviens à mon officier Bart; il avait alors son logement chez Mme Lemarié. Il eut un jour la fantaisie de s'offrir un plat de poisson; il le demande à la cuisinière; il le veut à toute force. Ce jour-là, ce n'était pas plus facile à lui servir que la lune, et c'est ce que lui répliqua la cuisinière. L'officier se fâcha net : « J'en veux, dit-il, il m'en faudra demain. » La nuit n'endormit pas l'envie de l'officier, et, dès le matin, il fit accoster la cuisinière par des soldats, en tenue de bataille, pour la conduire au marché de Pavilly, entre deux baïonnettes prussiennes, et la cuisinière de s'exécuter... et tout de suite; n'ayant pas seulement le temps de *se toiletter* un peu, de mettre un bonnet, pas même un tablier blanc; il fallait aller en tenue de fourneau. Ce n'était pas seulement atroce pour Mlle Olive, c'était cruel!...

Un serviteur de la même maison, le sieur Lecouteux, pris en grippe par l'officier Bart, fut obligé de déguerpir devant la menace qui lui fut faite d'être passé par les armes, s'il se représentait à son poste.

Le même officier ne trouvant point à son retour, le 14 janvier, le nombre exact des objets qu'il avait confiés, lors de son départ, à la garde d'un soldat, vint trouver le maire pour faire payer aux maîtresses de la maison une contribution de 400 fr., s'il ne rentrait *de suite* en possession de ce qui lui manquait. C'était au-delà de l'absurde ; aussi, Mlle Olive se récria-t-elle de toute la force de sa langue, et la prétention de ce barbare en resta là.

La monstruosité des procédés de l'officier Bart ne porte point à croire à la vérité de son affirmation qu'il était châtelain en Prusse, ou ce serait alors le cas de dire qu'il ne sentait point sa maison, à moins que sa maison ne soit un repaire de brigands.

Passage de morts et blessés, et des otages d'Yvetot.

Par suite de la rentrée de la colonne du 14 janvier, Barentin redevint bourré de soldats. Ce même jour, ou le lendemain, une calèche traversa le bourg vers quatre heures du soir, laissant voir, à la portière ouverte, et enveloppé en grande partie dans une couverture de laine blanche, un officier mourant, sinon mort; plusieurs collègues assis à ses côtés semblaient le soutenir; l'équipage allait d'un train modéré. Cet officier, au dire d'un de ses collègues du cantonnement de Barentin, avait essuyé un coup de feu à Bolbec; il venait d'être promu au grade d'aide-de-camp du général Zglinitzki, et avait récemment quitté Barentin pour se rendre à son poste à Roumare. Deux jours après, des officiers cantonnés à Barentin se rendirent à la cérémonie militaire qui eut lieu, à l'occasion de l'inhumation de cet officier, dans les dépendances du château de M. de Saint-André, maire de Roumare.

Quelques jours après, on vit passer de grand matin des fourgons clos, que l'on sut, par des soldats, renfermer les Prussiens tués dans une affaire du côté du Havre. Un soldat me chiffra le nombre 300; « *Oh! malher,* disait-il, 300 *camarates capout!* » Disait-il vrai?

Le même jour, des voitures de blessés furent amenées de Bolbec à Barentin, et le maire se trouva dans l'obligation de faire relever les équipages pour continuer le transport de ces blessés à Rouen. Ce dernier fait porte à croire à l'affirmation du précédent soldat.

C'est à cette époque que deux conseillers municipaux de la ville d'Yvetot, MM. Roussel et Lemonnier, enlevés comme otages, passèrent à Barentin, ainsi que leur maire, M. Buisson, qui avait voulu les accompagner. Après avoir été conduits d'abord à Pissy-Pôville, et ensuite à Roumare, auprès du général Zglinitzki, auquel ils payèrent leur rançon, ils repassèrent à Barentin vers le soir du même jour.

Suppression de l'état de siége.

Débarrassés des inquiétudes que leur avait suscité jusque là l'armée du Havre, les Prussiens s'installèrent dans la commune avec le même sans-gène que s'ils avaient été dans une ville d'Allemagne. Les obstacles à la circulation disparurent en grande partie. Officiers et soldats n'eurent plus guère, en dehors de leurs heures d'exercice, qui se faisaient deux fois par jour, sur la place de la mairie et autres endroits, qu'à cultiver les cafés ouverts, le tabac, et le bureau de la mairie pour les réquisitions de voitures et autres. Il avait bien été promis au maire que la commune serait exemptée de réquisitions pour l'alimentation des troupes, mais il n'en arrivait pas moins qu'ils avaient recours encore souvent à ce moyen.

Fin de la première occupation. — Les Mecklembourgeois.

On sut, par les soldats, que l'arrivée du corps d'armée du grand duc de Mecklembourg à Rouen allait amener un changement des troupes de notre contrée, et que, le 29 janvier, toutes les troupes d'occupation, infanterie et cavalerie, devaient quitter Barentin. En effet, ce jour-là, le commandant Zéelemann, auquel, je dois le dire, la commune est redevable de certains égards, vint faire son adieu au maire, à qui il donna à espérer que la capitulation de Paris allait être suivie de la paix, ce dont il se disait très-désireux pour son propre compte. A midi, toutes les troupes d'occupation se tenaient, en tenue de départ, rangées en pelotons et l'arme au pied, dans la cour du château de M. Lemonnier, où logeait le commandant, lorsque se présenta la colonne mecklembourgeoise. Après un échange de signaux militaires, les troupes du bataillon Zéelemann se mirent en route et se dirigèrent vers Malaunay et ses environs, où elles devaient aller seulement ce jour là.

Les Mecklembourgeois prirent possession de

la commune de la même manière et avec les précautions que les troupes du 7 décembre, absolument comme s'ils arrivaient dans un pays qui n'ait point encore vu de Prussiens. Les cavaliers parcouraient les rues au galop. L'un d'eux, en traversant la place de la Mairie, s'arrêta tout court devant le magasin des pompes à incendie. A l'aspect de ce matériel, visible par les jours de la cloture, il flairait déjà là des engins de nature peu rassurante pour les Prussiens. Une fois bien édifié, il passa outre.

Les réquisitions recommencèrent de plus belle; il fallut satisfaire à des exigences semblables aux premières, mais avec cette différence que les hommes de ce service se montraient convenables, et quelques-uns compatissants.

Après un séjour de deux jours, le bataillon tout entier quitta la commune, mais sans être remplacé par d'autres soldats. C'était la première fois, depuis le 13 décembre, que Barentin ne comptait que les soldats du poste de dragons. Ici se termine donc la première grande occupation prussienne.

Un coup-d'œil sur les désastres locaux.

Pendant cette période de quarante-cinq jours,

les dégats causés par les soldats avaient été nombreux et importants. Après avoir attaqué et presque détruit un établissement industriel abandonné, ils s'en prirent aux clôtures de la gare du chemin de fer, aux poteaux du télégraphe, à tout ce qu'ils trouvaient bon à brûler, et jusqu'aux arbres sur pied de diverses propriétés. Que l'on ajoute à cela les tranchées nombreuses ouvertes dans la plaine, les routes coupées, barricadées avec des voitures renversées, avec des ustensiles de fermes et des tonneaux vidés au préalable de leur cidre dans les caves ou sur la route; l'hiver sévissant avec une rigueur exceptionnelle; l'ouvrier, sans travail, aux prises avec le froid, la faim et l'épidémie régnante; car, comme si le froid et la faim qu'avaient à subir, avec la charge de l'ennemi, un certain nombre de familles, n'étaient point encore assez, la petite vérole était venue se joindre à toutes ces calamités; que l'on ajoute encore à cela les pertes douloureuses des familles dans les victimes de l'épidémie variolique ou des rigueurs de l'occupation, et l'on n'aura qu'un tableau encore incomplet de la situation générale. Aussi, cette période avait paru bien longue; elle avait été dure et pénible pour tous, et écrasante pour l'administration. Le bureau de la mairie s'était trouvé sans sécrétaire, tombé malade, ainsi que M. Guillou, adjoint; sans garde-champêtre, qui avait abandonné son poste. Le maire s'était trouvé dans la nécessité d'avoir recours à de nouveaux auxiliaires pour ce service; mais les cantonniers Dauvergne et Desmeillers, malgré le poids du service extérieur des réquisitions dont ils étaient chargés, avaient tenu bon, non sans avoir éprouvé plus d'une bousculade de la part des soldats. Il est juste de reconnaître qu'ils ont fait preuve de courage durant cette malheureuse période. Trépagny, garde particulier, prit temporairement le poste de garde-champêtre, avec l'assentiment verbal du parquet; le jeune Bigot remplaça le secrétaire de la mairie. Le maire lui-même plia sous le fardeau municipal et fut obligé d'en laisser le soin à M. Decours, adjoint, pendant quelques jours. Le maire trouva aussi, pendant ces quelques jours d'éloignement forcé du service administratif, un auxiliaire dévoué en M. Damilaville.

Encore un fait à ajouter à tous ceux machinés par l'ennemi pour faire violence à tous nos sentiments:

Les soldats, notamment les dragons, qui formaient une partie des troupes de l'occupation, ont plusieurs fois pris possession de l'église pour leurs exercices religieux. Un ministre de leur culte venait présider la cérémonie. Chaque fois, les soldats, précédés de leurs officiers, allaient et venaient de l'église, sur deux rangs, et avec une attitude qui affectait un recueillement de circonstance.

Pour les Prussiens, ce n'est point de trop que de joindre à nos malheurs cette humiliation; ils ont tenu à profaner l'église, par cela même que, pour tous les catholiques, sinon tous les Français, ce sanctuaire est l'objet du respect le plus profond et de la plus grande vénération.

La voix de la délivrance.

Le jour même du départ des Prussiens, la cloche de l'église, sur la demande faite au maire par M. le curé de Barentin, M. l'abbé Quertier, fut remise en possession de son battant. Dans les premiers jours de l'occupation, et par suite des évolutions des troupes de la localité, ce battant avait été transporté, du poste de la gare du chemin de fer, au château de M. Lemonnier. Il resta là, planté debout dans le corridor et contre la porte d'entrée, où les allants et venants de chez le commandant avaient la douloureuse occasion d'en faire connaissance. Le maire ne l'obtint encore de M. Lemonnier *qu'en en donnant un reçu*. C'était là, sans doute, un effet de la crainte de l'ennemi, qui, quelques jours plus tard, devait avoir pour autre résultat la mort de ce propriétaire.

Aux premiers sons argentins et encore timides de la cloche, plus d'un cœur se sentit pris d'une douce émotion ; car c'était pour les habitants la voix de la résurrection à la vie sociale, c'était le symbole de la délivrance. A la joie intime de chacun venait aussi se joindre l'espérance de la reprise prochaine du travail.

Les habitants, si éprouvés jusque là, étaient bien autorisés à espérer qu'ils en avaient fini avec les malheurs de l'invasion. Cependant, de dures épreuves leur étaient encore réservées.

Grâce à sa position géographique, grâce surtout à sa traverse de la grande route de Rouen au Havre, Barentin devait redevenir une étape des marches et contre-marches de l'ennemi.

Les marches et contre-marches prussiennes.

Les habitants eurent la douleur de revoir bientôt les casques prussiens : dès le 5 février, une colonne d'infanterie, un bataillon entier, venait s'abattre, à huit heures du soir, dans la commune. L'heure avancée de la nuit ne permettant pas la délivrance, à la mairie, de billets de logement, les soldats envahirent les habitations et se logèrent comme ils purent. C'était un dimanche; beaucoup d'habitants étaient couchés ou absents de chez eux. Certains, heureux de voir leur maison vide de soldats, s'en étaient fait fête, et quand les Prussiens vinrent à mettre le nez à leur porte, les rixes et les vitres enfoncées ne manquèrent point. Malgré l'heure avancée, des soldats voulaient quand même *vine* et *flèche* (de la viande et du vin). Un habitant irrité, et qui s'imaginait avoir affaire à tous soldats ne parlant point français, crut mettre un frein à leurs exigences en leur jetant au nez le mot bien connu de Cambronne, mais il fut bien vite désillusionné par les coups de poings qui lui furent distribués.

Ces troupes partirent, le lendemain matin, dans la direction de Rouen ; elles étaient venues à Barentin par la route d'Yvetot.

Ce passage de troupes fut suivi d'un autre de mecklembourgeois; le 7 février, un bataillon d'infanterie et une batterie d'artillerie vinrent se loger dans la commune et repartirent le lendemain.

On était à la veille des élections générales pour la constitution d'une assemblée nationale, annoncées pour le 8 février; il devait y avoir, pour tous les électeurs, les plus grandes facilités pour prendre part au vote. On était donc fondé à penser que, ce jour-là, la commune serait débarrassée de tous ces sinistres oiseaux de passage. Néanmoins, ce jour-là même, 8 février, jour de l'élection au canton, un officier se présente, vers dix heures du matin, à la mairie, demandant des billets de logement pour 600 soldats et officiers, un état-major et un corps de musique. Le maire observe à l'officier que l'arrivée de tous ces soldats va mettre un empêchement au vote des habitants au canton; qu'au lieu de toutes les facilités annoncées comme résultant des conventions de l'armistice, la commune se trouvait en présence d'un obstacle réel, résultant de leur fait, fait regrettable dans les circonstances présentes, et d'autant plus regrettable qu'il était contraire aux instructions parvenues à notre connaissance par la presse. « Je vous comprends, dit l'officier au maire; mais j'ai l'ordre. » En présence de cet ultimatum, et sans ligne de conduite officielle tracée à ce sujet, il fallut encore s'exécuter.

Une fois ces troupes installées chez l'habitant, les musiciens se mirent à former le cercle sur la route, au carrefour des routes du Havre, de Duclair et de Pavilly, et à faire de la musique. Les habitants eurent le bon goût de ne point se déranger pour aller les écouter. Des officiers, qui se pavanaient au balcon du café Tellier, jetèrent à quelques enfants qui se trouvaient là, et qui, comme tous ceux de leur âge, ont la curiosité comme premier mobile, des sous et même des pièces blanches, mais ils en furent pour leurs frais : ils ne réussirent à attirer vers eux aucun habitant, ce dont ils ne paraissaient point satisfaits.

Les soldats disaient venir de Doudeville. Le lendemain tous partirent dans la direction de Rouen.

La journée du 12 février. — Les 3 billets de logement. — La contribution de guerre de 82,250 fr.

Le dimanche suivant, la commune eut encore à subir un nouveau passage de troupes; mais, cette fois, ce n'était plus une colonne ordinaire; c'était un vrai déluge de soldats. Les uns venaient du côté de Rouen et allaient vers Yvetot; les autres venaient au contraire de ce côté et s'en allaient vers Rouen.

Ces diverses colonnes de troupes arrivèrent à des heures différentes, et il fallut faire des billets de logement à trois reprises successives. Ce travail dura de neuf heures du matin à quatre heures du soir. Pour comble, un officier se présenta encore au bureau de la Mairie, vers cinq heures du soir, et demandait des billets de logement pour un piquet de cavalerie fort de 12 hommes, et commandé par l'officier lui-même. Toutes les maisons étaient bourrées de soldats; il n'y avait de place nulle part, il leur fallut aller dans les hameaux. Ces cavaliers expédiés, l'officier annonce au maire qu'il est envoyé avec mission de lui faire une communication pressante. Cet officier et ces cavaliers appartenaient à l'escadron de dragons qui avait séjourné à Barentin du 14 décembre au 29 janvier. L'officier connaissait donc le maire; il avait même été son hôte plusieurs jours, et commença par lui témoigner tous ses regrets, sa répugnance, pour la mission qu'il avait à remplir auprès de lui. L'officier ensuite déclara venir, au nom du général Pitzelwitz, commandant en chef à Dieppe, donner avis que la commune de Barentin était frappée d'une contribution de guerre, en argent, de 82,250 fr., soit 25 fr. par habitant; que la commune avait jusqu'au 15 février, à midi, pour payer cette somme, et que, passé ce délai, elle aurait à supporter des intérêts de retard calculés à raison de 5 p. 0/0 sur la somme totale; qu'il était enjoint au maire de se rendre le lendemain à Pavilly, assisté de deux conseillers municipaux, pour la réunion générale des administrateurs de toutes les communes du canton, réunion à laquelle assisterait un officier prussien.

Les maires, leurs assesseurs et l'officier prussien au canton.

Tous les maires du canton se rendirent à la réunion à Pavilly, assistés de conseillers municipaux de leur commune. Au maire de Barentin s'étaient joints MM. Badin, Damilaville et Pichard.

L'officier prussien annoncé était le baron Rauter, premier lieutenant de l'escadron qui était resté, tout le temps de l'occupation à Barentin; il connaissait les réprésentants des intérêts de la commune; il était au courant de sa situation; il avait été témoin de ses longues souffrances; aussi contribua-t-il lui-même à assombrir encore le tableau qui en avait été fait, mais il se trouvait, disait-il, en présence d'un ordre dont il ne lui appartenait pas d'affaiblir la rigueur.

Les représentants de chaque commune ne manquèrent pas de bonnes raisons à mettre en avant et déclarèrent unanimement ne pouvoir répondre totalement à des exigences aussi exorbitantes. L'officier ne se départit d'aucune des prétentions prussiennes et il quitta l'assemblée, avec l'assurance que chaque commune du canton ne répondrait à ces prétentions que dans une limite très restreinte; le dixième de la demande totale fut à peu près la base sur laquelle on convint de chercher à s'exécuter, mais sans prendre d'engagement.

Le maire de Barentin n'eut rien de plus pressé, en cette malencontreuse occurence, que de se retrancher derrière une décision de son conseil municipal; il se mit ensuite à l'œuvre pour recueillir les fonds nécessaires pour fournir le contingent de la commune.

Un à-compte sur la contribution de guerre de 82,250 fr. MM. Badin et Damilaville à Omonville.

Le 15 février, deux membres du conseil municipal, MM. Badin et Damilaville, furent délégués par le conseil pour se rendre à Omonville, commune de l'arrondissement de Dieppe, et située sur le plateau dominant la vallée de la Scie ; c'était là où était installé le comptable prussien. Nos deux délégués versèrent entre les mains de cet officier la somme de 6,207 fr., bien qu'ils fussent porteurs d'une somme plus importante, en déclarant néanmoins que cette somme était le seul sacrifice possible à la commune, épuisée dans ses ressources pécuniaires, par les charges d'une longue occupation, fait à la connaissance de cet officier, M. Von Butlar qui, comme chef d'escadron, avait séjourné lui-même dans la commune pendant ses quarante-cinq premiers jours d'occupation.

Nos délégués étaient en même temps porteurs d'une demande au général Pritzelwitz, demande signée par tous les membres composant la municipalité, tendant à ce qu'il veuille bien dispenser la commune de fournir au reste de la contribution de guerre, en raison du motif précité. L'officier reçut la demande et délivra un récépissé de la somme de 6,207 fr., à valoir sur le montant de la contribution exigée. Un délai de deux jours fut fixé pour le versement complémentaire.

Les grands moyens d'intimidation prussienne.

Les officiers prussiens avaient soif de l'or et ils pressentaient le frein qui allait être bientôt mis à leurs convoitises ; aussi se dépêchèrent-ils de nous faire une exhibition de leurs grands moyens d'intimidation. Dès le vendredi suivant, le 17 février, avant même l'heure de l'expiration du délai fixé (il était environ huit heures du matin), le 2e escadron du 10e dragons arriva au grand galop dans le bourg, cerna, avec la promptitude du clein d'œil, la maison du maire; les cavaliers, sabre au poing, s'alignèrent face à cette maison. L'officier qui commandait était encore le baron Rauter; il descend de cheval et entre brusquement.

Au bruit de tout ce cliquetis d'armes, du galop des chevaux sur le pavé et à la vue de ce nouveau déploiement de force ennemie, la population se massa, en peu d'instants, sur la route, anxieuse de ce qui allait se passer. Les habitants étaient au courant des menaces prussiennes ; ils redoutaient, avec raison, une seconde édition du premier enlèvement d'otage, ou le pillage et autres gentillesses à l'usage exclusif des Prussiens.

Le maire retenu au lit par une indisposition survenue à la suite de toutes les tracasseries dont il avait été l'objet, reçut, dans sa chambre, l'officier prussien. « Je vous apporte une bonne nouvelle, dit ce dernier au maire, votre contribution est réduite à 32,000 fr., sur lesquels vous avez a déduire la somme déjà versée? » Sur l'assurance donnée par le maire qu'il ne serait point possible à la commune de payer cette contribution, même réduite au dernier chiffre annoncé, l'officier déclare s'assurer des garanties en prenant des otages ; son choix était fait. MM. Badin et Damilaville avaient été prévenus par lui, à la réunion de Pavilly, du sort qui les attendait à défaut de paiement de la commune. Le maire n'avait point été compris dans le choix de l'officier, au dire de ce dernier, parce qu'il avait été déjà pris comme otage. Sur ce, le baron

Rauter envoie quérir M. Badin, par un peloton de cavalerie, et se rend lui-même chez M. Damilaville.

On a vu les égards de cet officier pour le maire de Barentin, il va se montrer non moins compatissant pour M. Damilaville.

Le baron Rauter avait été l'hôte de M. Damilaville pendant son séjour à Barentin ; aussi ce dernier crut-il devoir user de ménagement pour se présenter ; il avait à cœur de pousser la complaisance jusqu'à l'obligeance, en faisant souffler aux oreilles de M. Damilaville de s'absenter de chez lui, *seulement pendant deux heures.* Cette précaution prise, il arrive d'un pas ferme et frappe hardiment à la porte. C'est le cas de dire qu'il comptait sans son hôte. En effet, ce fut, au contraire, M. Damilaville qui lui ouvrit la porte ; l'officier ne put dissimuler sa surprise ; aussi dit-il à M. Damilaville : « Je ne m'attendais pas à vous rencontrer ici. » Et M. Damilaville de lui répliquer : « J'ai un mandat à remplir, je ne veux pas faillir à mon devoir. » Je vous approuve, répond l'officier, et tous deux se rendirent chez le maire.

Pendant ce temps le peloton de cavaliers était à la recherche de M. Badin, qui n'avait point été trouvé chez lui, il était au chemin de fer en partance pour Rouen où il se rend, à cette heure, tous les vendredis ; les cavaliers arrivent à la station, à franc-étrier, demandant M. Badin, « tout de suite M. Badin. » Personne ne souffle mot; un officier persiste à demander M. Badin, qui enfin se présente; M. Badin insiste pour se rendre à ses affaires à Rouen, mais il est obligé de faire le sacrifice de son voyage; on le fait monter en voiture et il est amené, avec une escorte de dragons prussiens, au domicile du maire; là, par suite du concert officieux des trois représentants des intérêts de la commune, MM. Badin et Damilaville furent déclarés prisonniers sur parole; mais au lieu de se rendre à Saint-Ouen-du-Breuil, endroit assigné, ils furent autorisés à aller trouver le général commandant la place de Rouen pour renouveler la demande d'exemption de paiement déjà faite par le conseil municipal, demande restée jusqu'à ce jour sans réponse.

Il serait injuste de ne point voir percer la bienveillance de l'officier Rauter, pour la commune, dans ces concessions. Cet officier était d'un caractère germanique, mais assez expansif, enclin à la compassion, à la générosité même; cela était dû peut-être à ce que, comme officier étranger, il avait séjourné en Afrique, pendant deux ans, disait-il, avec nos bataillons français.

MM. Badin et Damilaville, après avoir fait leurs malles comme pour un voyage en Prusse et bien décidés à subir cette rigueur, plutôt que de voir la commune donner satisfaction aux exigences violentes des Prussiens, se rendirent à Rouen auprès du général qui, lui, les renvoya à Barentin en leur disant que si l'on avait besoin d'eux on les y trouverait.

Une vaine espérance.

Sur les entrefaites, une dépêche ministérielle nous parvint par la presse, laissant espérer que les réquisitions en argent, postérieures à la date de l'armistice, devaient être remboursées. Bien vite le conseil municipal de s'appuyer sur cette dépêche et de prendre une décision motivée dans ce sens :

« Considérant qu'il est établi que, d'une conférence qui a eu lieu entre M. de Bismark et M. Jules Favre, il résulte que les seules contributions de guerre qui puissent être exigées pendant l'armistice, sont celles qui ont été demandées antérieurement à sa signature, en conséquence, la commune de Barentin est fondée à réclamer la somme de 6,207 fr., versée, à ce titre, aux autorités prussiennes, contre la remise, par elle, du reçu qui lui a été délivré par M. Von Butlar; la demande de cette contribution de guerre lui ayant été faite le 12 février, c'est-à-dire quinze jours après la signature de l'armistice. »

MM. Godallier et Boniface, délégués, à cet effet, par le conseil, se rendirent, le dimanche 19 février, à Omonville, et remirent à l'officier prussien la décision municipale qui constituait leur mandat et son objet; mais le comptable prussien alléguant qu'il n'avait reçu aucun ordre dans ce sens, renvoya nos deux collègues, les mains vides, en gardant toutefois le numéro du *Journal de Rouen* qui reproduisait le texte de la convention susdite.

Néanmoins, par suite de la décision prise par le conseil municipal d'ajourner toute exécution relative à ladite contribution de guerre, sans être au préalable consulté, et résolu d'attendre les événements, le maire, par les soins duquel avaient été recueillis les fonds pour cet objet, remit à tous les intéressés le surplus de la somme versée qui était resté entre ses mains.

Deuxième grande occupation prussienne.

L'attitude ferme, résolue, déployée en cette circonstance par les administrateurs de Barentin, ne servait point, à leur gré, les appétits prussiens; aussi, en présence d'un refus non équivoque de paiement, de la revendication même de l'argent versé, la commune ne tarda point à être réoccupée; c'était bien à prévoir. Dès le mardi suivant, 21 février, la 1re et la 2e compagnie du 5e régiment d'infanterie arrivent et s'installent dans la commune; mais, cette fois, elles furent logées au moyen de billets délivrés par la mairie. On dissémina les soldats, deux par deux, sur tout le territoire de la commune, les hameaux du Mouquet et du Câtillon compris. Tous les ouvriers furent dispensés du logement. Les établissements industriels recommençaient à marcher et sans cette attention, sinon cette justice, les ouvriers se seraient encore trouvés dans la dure nécessité de suspendre leur travail. Le général Zglinitzki vint aussi lui-même prendre son quartier dans la commune, au château de M. Charles Besselièvre.

Je viens de citer, et avec intention, les deux hameaux du Câtillon et de l'Emouchet, généralement connu sous le nom du Mouquet, parce que pendant tout le temps de la première grande occupation, ces deux sections de notre commune avaient été accaparées par les troupes du cantonnement de Pavilly ; ce qui avait allégé d'autant le fardeau de l'occupation pour cette commune, allègement qui, par contre, était venu accroitre le fardeau de Barentin. Ce qui n'empêcha point les produits de plusieurs fermes dè Barentin d'être enlevés, à l'insu de l'administration municipale, par les limiers du service d'approvisionnement des troupes de Pavilly, ces derniers, paraît-il, se faisaient *avec ardeur* les compères *du droit du plus hardi.* C'est grâce à ce savoir faire de ces *bienveillants* voisins que MM. Emile Besselièvre, Grandsire, Tournache, Colette, Septavaux, etc., se virent enlever, pour les soldats de Pavilly, leurs bêtes à corne ; une vingtaine de vaches y passèrent..... etc.

Inutile de dire que l'administration de Barentin ne s'est jamais adressée à Pavilly pour aucune réquisition ; la raison en est évidente ; en effet, Pavilly étant aussi un centre d'occupation, l'administration de Barentin jugeait bien, par la situation faite à sa commune, que les moyens d'alimentation ne pouvaient être longtemps suffisants à Pavilly pour les troupes de ce cantonnement; mais il était notoire pour tous, et les administrateurs de Pavilly ne pouvaient ignorer que Barentin se trouvait sous le poids d'une occupation plus nombreuse, et partant en présence d'une difficulté d'alimentation plus grande que Pavilly; aussi je n'hésite pas à conclure, qu'ils devaient, en cette occurrence, faire prendre leurs moyens d'alimentation ailleurs qu'à Barentin, soit dans les communes environnantes et non occupées, moyen employé par Barentin, mais *exclusivement mis en pratique par les soldats eux-mêmes, munis de bons, et conduits ou adressés aux maires de ces communes.*

Ce fut pendant l'occupation de la commune par ces dernières troupes que le maire eut à opérer la recette des deux douzièmes d'impôt, réclamés par le préfet prussien, installé à la préfecture de Rouen. Cette opération commença le jeudi 23 février, et se continua plusieurs jours de suite. Ces impôts furent versés à Rouen au jour fixé. La somme de 5,145 fr. 55 c. fut versée comme représentant les deux douzièmes exigés. L'excédant de cette recette, ou 1,049 fr. 41 c., fut remis entre les mains du percepteur de Barentin.

Le maire se vit encore dans l'obligation d'ajouter à ses services, déjà trop multiples, celui de la poste aux lettres. Une boîte aux lettres fut installée à la mairie à cet effet, mais j'ai la satisfaction de dire que fort peu de personnes en usèrent. La voie postale prussienne ne servit guère qu'à faciliter un peu la réception des lettres restées dans les bureaux français et particulièrement celles venant de Paris ou qui avaient été déposées dans les bureaux éloignés, à l'endroit de l'atterrissement des ballons; ce qui, malgré l'interdit lancé par les Prussiens sur la poste française, n'empêcha pas le bureau de la poste aux lettres de Barentin de fonctionner discrètement, et de rendre à tous les habitants des services d'autant plus appréciés, qu'il évitait à chacun la répugnance, facile à comprendre, que l'on éprouvait à utiliser les services de nos ennemis, et à servir leurs exigences et leurs intérêts.

Le capitaine de la 1re compagnie, qui remplissait, pendant cette occupation, les fonctions de commandant de place, avait, en outre, pour mission spéciale de réclamer le complément de la contribution de guerre. Chaque jour, le maire recevait une demande toujours pressante; quand cette demande n'était point faite par le capitaine, en personne, il ne manquait point d'envoyer un de ses officiers subalternes; mais chaque demande était suivie d'un alibi, d'un prétexte inventé pour la circonstance; cela ne pouvait toujours durer ainsi; l'officier flairant une résolution prise par le maire de ne point payer la contribution de guerre, en vint aux menaces. Le maire était à bout d'expédients quand arriva, fort à point, l'ordre aux Allemands de suspendre toute réquisition d'argent. Le maire avait réussi à gagner du temps; c'est ce qui sauva la caisse communale, mais cette contribution n'en avait pas moins encore coûté quinze grandes journées d'occupation!

La résistance aux instances prussiennes ou la conduite ferme du maire, en cette circonstance, a été puissamment sécondée par les soins de M. Pichard, qui avait étendu sa sollicitude sur la commune, en tenant dans son château un des employés de sa maison de banque, M. Leclerc, à la disposition du maire, pour, le cas échéant, soustraire, au moyen d'une avance d'argent, les habitants aux malheurs qui auraient pu survenir, soit par le pillage, soit par toute autre représaille.

J'ai l'assurance d'entrer dans les sentiments de tous les habitants, en adressant ici à M. Pichard un témoignage particulier de gratitude pour sa bienveillance envers tous ses concitoyens de Barentin.

L'espoir de palper la contribution de guerre s'étant évanouie pour les Prussiens, ils quittèrent la commune le 6 mars, et ce fut à la grande satisfaction de tous; en outre de leur présence, dont on était non-seulement las, mais qui inspirait un sentiment pénible, tous ces soldats s'étant montrés généralement exigeants. Ceux d'entre eux chargés du service des réquisitions et des logements avaient été violents; ils avaient poussé leurs exigences à l'extrême. Des rixes mêmes à coups de chaises, à coups de poings s'étaient engagées avec les auxiliaires du bureau de la mairie. Le jeune Bigot leur avait particulièrement résisté. Les auxiliaires tinrent bon. C'est à l'attitude résolue, devant laquelle faiblit la rigueur des soldats réquisitionneurs, que tous ces auxiliaires durent de ne point être contraints d'abandonner leur poste.

Cette occupation, bien que moins longue que

la première, n'en a pas moins laissé de pénibles souvenirs.

Après le départ de ces troupes, le général Zglininski continua d'occuper le château de M. Charles Besselièvre, et la commune resta encore occupée par un poste de dragons, réduit à 10 hommes et 1 officier.

Les passages pour la grande revue à Rouen.

Tout le monde soupçonnait bien, à Barentin, que la série des misères de l'occupation n'était point encore à sa fin; on redoutait, avec raison, de nouveaux passages de troupes, qui étaient annoncés avec enthousiasme par les cavaliers du poste, pour la grande *parade* du roi Guillaume à Rouen. Cela ne manqua pas d'arriver. Dès le 9 mars, une colonne d'infanterie vint prendre son étape dans la commune; elle allait à la fameuse parade qui devait avoir lieu le 12 mars. On appréhendait un séjour de quelques jours, mais cette colonne partit le lendemain pour se rendre à Canteleu. D'autres troupes la suivirent, mais ne s'arrêtèrent point à Barentin.

Le 13 mars, la colonne partie le 10, au matin,

revint prendre étape; l'air sombre et boudeur des officiers et soldats laissait voir qu'ils avaient été profondément offensés. Les drapeaux noirs, exhibés à l'occasion de leur vénéré Fritz, fils du roi Guillaume, aux fenêtres de presque toutes les maisons de la ville de Rouen, était, au dire des officiers et soldats, le motif de leur contrariété. Le patriotisme des Rouennais avait froissé le fils de leur bon roi; donc, c'était pour eux une cause de chagrin.

Ce jour-là se tenait à Barentin la foire dite foire aux Vaches herbagères, remise au lundi 13 mars, par suite du jour de foire, qui tombait au dimanche. On avait, par conséquent, de la viande sous la main, et le maire fut mis en demeure, à défaut d'intendance française, d'en fournir, et il fallut encore s'exécuter. M. Clovis Barberie, boucher, voulut bien abattre les vaches achetées et payées par le maire. Les Prussiens en délivrèrent un acquit au moyen d'un bon régulier; il en fut de même pour le pain fourni à ces troupes. La colonne quitta Barentin le 14 et se dirigea vers Limézy et ses environs; mais malheureusement ce n'était point encore la dernière fois qu'il nous était donné de la recevoir.

Troisième grande occupation. — Le coup de fusil.

Depuis la publication de la convention relative aux réquisitions prussiennes, les habitants, fatigués de livrer, depuis trop de temps, leurs chevaux et voitures à la brutalité des soldats, se mirent de concert pour les refuser *sans argent d'avance*. Les soldats jetèrent les hauts cris ; il leur fallait rompre avec la douceur du véhicule gratis. Des officiers, habitués aux quatre roues de réquisition, taxaient le maire de ne point comprendre le français de la convention ; mais les habitants tenaient bon, et n'en voulaient point donner, pas plus au général qu'aux soldats. Presque toujours les soldats d'ordonnance de ce général retournaient, à pied, au château de M. Besselièvre. Après avoir cherché longtemps et en vain, ils remontaient la côte, la menace à la bouche. « Oh ! Barentin, malher, » les entendait-on dire. M. Badin dut prêter une de ses voitures pour le service du général, sous promesse formelle qu'elle reviendrait, au départ du général, à son propriétaire. Les soldats saisirent la première occasion pour exercer leur rancune contre Barentin. Voici comment ils se vengèrent :

Le 16 mars, ces soldats remontaient la route d'Yvetot, après une réquisition de voitures encore infructueuse, et il leur fallait cependant se rendre ce jour même à Rouen, à heure fixe. Ils se trouvaient à la hauteur de la gare aux charbons, lorsqu'une forte détonation se produisit sur la ligne du chemin de fer, à quelques mètres d'eux. Rien de plus pressé pour eux que de se plaindre fort au général qu'un attentat avait été commis à leur existence par des habitants de Barentin, l'assurant qu'ils avaient distinctement entendu siffler la balle sur leur tête; ajoutant qu'ils avaient entendu, pendant la campagne, assez de balles siffler à leurs oreilles pour ne point s'être mépris sur le coup de feu qu'ils venaient d'essuyer.

Le général prit au sérieux la plainte de ses soldats, et la fit suivre de l'ordre d'une nouvelle occupation de la commune.

Le lendemain, c'était le mercredi 17 mars, deux compagnies d'infanterie, 600 hommes environ, viennent prendre à nouveau possession de la commune. Les premiers officiers qui se présentent au bureau de la mairie affectent un air trèsirrité. Les billets de logement n'étaient point faits assez vivement; ils auraient dû être préparés d'avance, disaient-ils; car, après ce qui s'était passé, on devait s'attendre à les recevoir et avoir tout disposé pour cela.

Le maire était dans l'ignorance la plus complète de ce qui s'était passé, et ne fut mis au courant que par le rapport du chef de troupes, qui avait l'ordre de le communiquer au maire, avec injonction à ce dernier de livrer le coupable au général, dans un délai de vingt-quatre heures. A ce défaut, la commune était menacée d'avoir à subir quatre compagnies au lieu de deux, et tous les deux jours suivants, deux nouvelles compagnies devaient venir s'ajouter aux premières, et cela jusqu'à ce que satisfaction soit donnée à la demande du général. Comme on le voit, les représailles ne devaient point être douces.

Après une enquête personnelle sans résultat, le maire se fit aider dans ses investigations par MM. Badin et Damilaville. On finit par découvrir, mais seulement le lendemain, vers midi, qu'un ouvrier de la ligne du chemin de fer, nommé David, avait jeté, sur le talus en brique de la voie, un vieux pétard d'alarme qu'il portait depuis plusieurs heures dans sa poche. Cet objet, ayant fini par le gêner dans ses mouvements, il n'avait eu pour but, en le jetant, que de s'en débarrasser; mais la fatalité avait voulu que ce pétard éclatât précisément au moment du passage des soldats. C'était là l'engin meurtrier qui avait été dirigé contre eux!

Le fait fut ainsi expliqué aux officiers, qui se rendirent sur place, avec le maire, pour s'assurer de la vérité de ce fait; les débris du pétard leur furent remis comme pièce de conviction. Le maire se rendit ensuite auprès du général, accompagné de M. Dhomé, conseiller municipal, et de l'ouvrier auteur involontaire de tout cet embarras; mais le général, qui avait été déjà prévenu, au lieu de les recevoir lui-même, se paya la politesse de leur faire dire, à la porte d'entrée, par un de ses officiers; que les explications données étaient satisfaisantes, et qu'il allait donner ordre aux troupes d'évacuer immédiatement la commune. Le départ d'une compagnie eut bien lieu le lendemain 19, mais ce ne fut que le 24 mars seulement que se fit celui de l'autre compagnie, encore le maire fut-il dans la nécessité de rappeler au général sa promesse d'évacuation totale.

Remarque à mettre en mémoire, c'est que la détonation du trop fameux pétard d'alarme était connue de tout un personnel que je ne nommerai pas, et qu'il ne s'est pas trouvé un seul de ces employés qui se soit fait un devoir d'éclairer les recherches des autorités locales; au contraire, on rencontra là, pour tout renseignement, une insinuation malveillante à l'égard d'un habitant du bord de la rivière, qui fut taxé d'avoir tiré sur des truites; allégation, sinon accusation, qui fut reconnue fausse et dénuée de tout fondement; l'ouvrier, auteur du fait, voyant l'affaire tourner au plus grand sérieux, se décida enfin à faire l'aveu de sa mésaventure. Il n'en resta pas moins acquis que l'on a usé d'une réticence qui, dans la circonstance présente, était non-seulement blamable, mais coupable, puisqu'elle mettait les intérêts de tous à contribution et en danger, et qu'elle faisait aux administrateurs locaux une des positions les plus critiques et des plus embarrassantes.

La ligne du chemin de fer avait été, pendant la première occupation, l'objet d'une sollicitude particulière de la part du maire. Au milieu de ses trop nombreux soucis administratifs, le maire avait eu à organiser un service de surveillance nocturne et diurne, pour arrêter les dévastations commises sur la voie par des soldats et par certains habitants. Les employés du chemin de fer en résidence dans la commune avaient été choisis pour ce service, sous la direction de M. Raoul. Bien que munis d'un titre municipal, apostillé par le commandant prussien, ces divers préposés avaient rencontré d'abord une certaine résistance de la part des soldats, et malgré l'intervention directe du chef prussien, M. Raoul lui-même s'était vu plus d'une fois obligé de revenir à son domicile sans avoir pu réussir à franchir l'entrée de la voie, gardée par le poste établi dans la gare; mais une fois les premières difficultés aplanies, ce service était parvenu à mettre un terme aux déprédations. Comme conséquence des dévastations de la ligne ferrée, la commune avait failli encourir une nouvelle amende; voici dans quelle circonstance : en outre des bois de clôture enlevés, bon nombre de poteaux des fils télégraphiques avaient été abattus, et les fils étaient abaissés au point de gêner la circulation sur la route située en dessous du viaduc, ce qui rendait le passage dangereux surtout pour les cavaliers. Informé du fait, le commandant prussien fit porter plainte au maire, les Prussiens virent en cela une manœuvre hostile des habitants contre les soldats. Le maire, averti à temps, avait prévenu les récriminations prussiennes en envoyant des ouvriers dégager la route. L'officier prussien, convaincu *de visu* de la levée de l'obstacle, et rassuré sur la cause qui l'avait produite, vint, à la suite de son inspection, dire de la part du commandant au maire, que, grâce à sa vigilance, la commune ne serait point mise à contribution.

Ainsi, la commune avait été réoccupée, pendant huit jours, pour une malencontreuse détonation de pétard d'alarme sur la ligne du chemin de fer. Les refus des voitures étaient bien payés.

Le poste des 5 dragons. — Les derniers temps d'occupation.

Le poste de dragons qui n'avait point quitté Barentin depuis le 7 décembre, fut, en dernier lieu, réduit à cinq cavaliers et autant de chevaux. Il fut ainsi formé jusqu'au départ définitif des troupes de la contrée. Pendant ce temps, surtout vers la fin, les hommes de ce poste semblaient n'avoir d'autre service que la garde de la commune. Dans cet intervalle, il y eut un nombreux va-et-vient de mobiles, de mobilisés et de soldats français allant rejoindre leurs postes réguliers ou leurs foyers. Vers le 20 mars on vit traverser le bourg, et venant du Havre, un bataillon de mobiles, le chef de bataillon, à cheval, marchait en tête, les hommes défilaient par section en ligne, en bon ordre, officiers et sous-officiers en serre-file, et ayant presque tous un bâton de bois vert à la main. Ce passage, alerte et silencieux, l'air morne des mobiles, avait une éloquence à faire éclater le cœur le moins patriote; en présence surtout de la compagnie de prussiens alors en séjour, et dont les hommes s'étaient rués de leur logis sur les trottoirs, pour jouir de la vue de nos infortunés défenseurs.

Depuis la signature des préliminaires de paix, les fourgons et chariots de la colonne de ravitaillement pour les troupes cantonnées au-delà de Barentin, vers Yvetot, allaient et venaient, tous les deux jours, quelquefois chaque jour, faisaient une pose dans la traverse même du bourg. Pendant cette halte les hommes se mettaient à manger sur leurs siéges ou auprés de leurs attelages. Les deux côtés de la route étaient occupés chacun par une centaine, et même souvent davantage, de fourgons allant dans une direction opposée. Le bruit assourdissant de ces équipages, l'aspect général de ce matériel faisaient naître une impression pénible, aussi les jours paraissaient-ils se succéder lentement, tant on aspirait après l'heure où il serait donné de ne plus voir ce spectacle.

L'évacuation définitive.

Le jour du départ des troupes de la contrée fut enfin annoncé. On comprenait bien dans la commune qu'il fallait encore subir quelques passages de nombreux soldats, mais on y était résigné; ce devait être les dernières étapes de nos misères prussiennes. Les habitants ne furent point déçus dans leur attente; le 18 mai, jour de l'Ascension, la commune fut envahie par un corps de troupes; mais, le lendemain matin, tout ce qu'il y avait de soldats à Barentin s'en alla; tous ceux d'au-delà, vers Yvetot, Villers et Pavilly, passèrent debout.

Il ne m'est point possible de dire le nombre de troupes qui passèrent outre, ni d'où elles venaient; seulement, on put distinguer au passage les soldats de la première occupation locale; ce fut un défilé complet, troupes d'infanterie, d'artillerie et cavalerie, etc. Chaque colonne précédée de sa musique aux accords dominants de la peau d'âne et du fifre.

C'en était enfin fini pour Barentin avec l'occupation prussienne et, plaise à Dieu, pour jamais.

La commune avait été à la merci des Prussiens depuis le 7 décembre 1870 jusqu'à ce jour; c'est-à-dire pendant une période de cent soixante-trois jours consécutifs; pendant cette période de douloureuse mémoire, j'estime qu'elle avait eu à pourvoir au logement et à la nourriture de 70,000 soldats et d'une vingtaine de mille de chevaux.

Pour clore la liste déjà trop longue des souvenirs laissés par l'occupation, je vais encore citer quelques faits qui montrent le penchant ou le goût du soldat prussien pour la rapine, pour le vol. On a pu remarquer que la montre, cette compagne indicative de la marche du temps est un objet de prédilection pour le soldat prussien, et que le nombre de ceux qui n'en sont pas munis est fort restreint; aussi est-elle un objet de convoitise pour ces derniers. Voici un fait à l'appui de cette assertion : Durant la première occupation, deux soldats entrèrent un jour chez M. Gandon, horloger, l'un d'eux, après s'être assuré que la réparation dont avait besoin la montre qu'il présentait pourrait être faite le soir même, la laisse entre les mains de *l'artiste*, mais le soir, à l'heure convenue, le *camarate* du propriétaire de la montre vient la réclamer pour ce dernier; rien en cela d'extraordinaire. M. Gandon la lui remet; mais, le lendemain, le vrai propriétaire vient la demander. M. Gandon a beau essayer de lui faire comprendre qu'elle est aux mains de son camarade, le prussien ne veut point entendre de cette oreille là, il crie fort : sa montre ou de l'argent ? Notre horloger vite de réclamer à un chef qui, à son tour, crie haut qu'un soldat prussien n'est point capable de commettre un vol, et exige, en accablant M. Gandon d'injures, que la valeur de la montre ou 31 fr. 50 soient comptés devant lui au soldat réclamant. M. Gandon a vu en cela une manœuvre concertée entre ces deux soldats pour se payer une montre à ses dépens. Dans diverses maisons et principalement dans celles où les soldats n'ont point trouvé de maîtres ou d'habitants, ils ont fait main-basse sur les objets à leur convenance; chez un habitant absent, en outre de sa cave qui a été dévalisée, ils ont enlevé du linge, des effets à l'usage de la dame de la maison pour les offrir à la fille de leur hôte. Ils voulaient être agréables à *mamzelle*, qui eut la bonne idée de les prendre et s'empressa, après leur départ, de remettre ces divers objets aux mains de leur propriétaire.

Il en fut ainsi dans plusieurs autres maisons, notamment chez la veuve Saussey; à laquelle une vivandière du 90e régiment d'infanterie enleva : linge de corps, couvertures de lit, et jusqu'aux effets d'habillements de ses deux fils, partis comme mobilisés à la défense de la Patrie.

Encore un mot sur le soldat prussien. J'ai signalé plus haut quelle a été la brutalité de ce soldat dans la pratique des réquisitions en général, mais chez l'habitant, le soldat s'est aussi très souvent montré brutal et violent, principalement dans les maisons où on ne répondait pas avec docilité à ses exigences. Comme faits résultant de ce chef, je citerai, entre autres, l'écrou au poste de deux de nos concitoyens : MM Martel et Gens, ces deux habitants durent subir au poste deux journées au pain sec et à l'eau. Un autre habitant, M. Isaac, reçut d'un soldat un coup de lame de sabre. Une brutalité d'un autre genre : les glaces de la boulangerie de M. Decours ont été brisées par une pierre jetée avec intention par un soldat. Se récriait-on contre ces procédés, la réponse des Prussiens était toujours prête et invariable : C'est la guerre ; c'est vous qui l'avez voulue ; il ne fallait pas nous la déclarer.

Je ne puis fermer ce compte-rendu sans y consigner encore un témoignage de reconnaissance administrative pour le comité central de secours aux victimes de la guerre, dont le siége est à Rouen, rue Nationale, 20, au domicile de M. Charles Prevel, secrétaire du comité. Par les largesses de ce comité, bon nombre de familles qui avaient, dans la personne de leurs enfants, fourni leur contingent à la défense de la Patrie, ont reçu chaque mois, par l'intermédiaire du maire, un secours qui, dans les circonstances où il a été délivré, peut être, sans effort d'imagination, comparé à la manne providentielle des Hébreux, car ce secours a évité, à certaines de ces familles malheureuses, de souffrir la faim.

Je dois aussi ajouter que plusieurs de ces familles sont encore aujourd'hui l'objet de la sollicitude du comité central.

Un fait qui mérite d'être signalé aussi, pour sa haute importance administrative : Malgré les difficultés de toutes sortes auxquelles avait à faire face le secrétariat de la mairie, et les nombeux décès survenus pendant l'occupation, les actes de l'état-civil ont été tenus au courant avec le soin minutieux des temps ordinaires; mais ce travail a du être fait la nuit, et souvent aux dépens d'un repos bien pressant; je cite ce fait à la louange du secrétaire de la mairie, M. Roy.

Je me suis borné à rapporter les faits principaux à ma connaissance; il est hors de doute que j'en ai ignoré un grand nombre qui auraient pu trouver place dans cet exposé, mais par ceux relatés on pourra juger de ceux passés sous silence.

Pour que l'on soit bien édifié sur l'importance des pertes subies par les habitants et des sacrifices de toute sorte imposés à la commune, je fais suivre ce récit d'un aperçu détaillé de ces pertes et sacrifices, extrait du tableau des réquisitions prussiennes qui se trouve aux archives de la mairie.

Il convient de déduire du total de cet état les sommes remboursées, ou en cours de remboursement, par l'Etat, savoir : les impôts prussiens et le contingent de la commune pour l'habillement, l'équipement et la solde des mobilisés.

ETAT ou aperçu des Pertes résultant de l'occupation.

Pain et cuisson de farine	2.705 fr.	13
Farine	1.128	»
Blé en grain	737	»
Viande de boucherie	813	»
Bestiaux sur pied	11.040	»
Moutons	3.190	»
Porcs	670	»
Volailles déclarées	570	»
Avoine (grain et gerbes)	12.690	54
Foin en bottes	19.673	75
Paille en bottes	18.513	75
Chevaux perdus ou morts	9.940	»
Voitures brisées, abandonnées ou gardées par l'ennemi	5.675	»
Journées d'ouvriers aux tranchées	175	»
Journées de voitures et conducteurs	6.162	50
Mercerie pour atelier des tailleurs	43	71
Objets divers : bois à brûler, charbon de terre; planches neuves, fers de forge, pharmacie, épicerie, pommes de terre, voitures, harnais, dommages, etc. Ensemble	35.668	43
Pertes par incendie	10.500	»
Amende de guerre en argent	1.508	»
Contribution de guerre en argent	6.207	»
Impôts prussiens (les deux douzièmes)	5.145	55
Contingent pour les mobilisés	13.670	24
TOTAL	166.327 fr.	60

Mais si l'on ajoute à ce total les dépenses ou sacrifices résultant du logement et de la nourriture des soldats chez l'habitant; car il ne faut pas croire que les soldats se contentaient de ce qu'ils recevaient, soit de provenance des réquisitions, soit de leur colonne de ravitaillement, lorsque celle-ci vint à fonctionner; la plupart d'entre eux ne se servaient point de leur pain noir et ne pouvaient guère utiliser la viande de mauvaise qualité, ni les légumes secs qui leur étaient distribués. Si l'on ajoute donc aux 166,327 fr. 60 susdits les dépenses résultant de ce chef, il sera facile de comprendre que les pertes réelles résultant du fait exclusif de l'occupation, ou l'appauvrissement de la commune, peuvent se chiffrer par plusieurs centaines de mille francs.

Le relevé administratif, dressé *ad hoc*, les évalue, en bloc, à environ 361,000 fr.

La population officielle de la commune étant de 3,290 habitants, il s'en suit que la quote-part de chaque habitant est de 110 fr. environ.

Conclusion.

Les faits relatés et les chiffres ci-dessus sont

assez éloquents pour qu'il ne soit point besoin de les faire suivre de commentaires ; ils ne peuvent avoir d'autre conclusion que la suivante, que je formule à l'état de vœu : que la revanche de nos désastres soit l'œuvre de la génération prochaine, si elle n'est point l'œuvre de la génération présente ; que nos enfants s'imposent le devoir d'arracher, des griffes de l'aigle prussien qui les enserre, nos infortunés frères de l'Alsace et de la Lorraine, pour les ramener à notre mère commune, la France.

TABLE DES MATIÈRES.

Pages.

Rouen. — Imp. Léon DESHAYS, rue Saint-Nicolas, 30.

www.ingramcontent.com/pod-product-compliance
Ingram Content Group UK Ltd.
Pitfield, Milton Keynes, MK11 3LW, UK
UKHW020152200726
13856UKWH00003B/957